KB269838

이 사람을 보라

톰 라이트의 ✝ 고난주간 묵상

이 사람을 보라

톰 라이트 지음 • 신현기 옮김

살림

마이클 새드그로브 목사님께

2005년 고난주간에 더럼 대성당의 주임사제와 참사회가 설교를 해 달라며 나를 초대했다. 종려주일의 극적인 개회를 필두로 하여, 성(聖)금요일과 부활절 당일에 엄숙하고 영광스러운 결론을 맺기까지 고난주간 전체를 감당해야 하는 설교였다. 나는 이 기회를 빌려 기독교권에서 가장 큰 건물 중 하나에서 이미 익숙한 자료들을 처음부터 끝까지 새로운 방식으로, 즉 기도와 전례와 예배의 맥락에서 다루게 되었다. 이 작은 책자는 그 당시 8일 동안 나누었던 아홉 번의 설교를, 최소한의 재편집을 거쳐 재생한 것이다.

내가 설교했던 예배들은 종려주일 아침 기도(Mattins)에서부터 시작했다. 그날 아침 읽은 본문은 악한 농부에 대한 마태판(21:33~46)의 비유였고, 마태는 (마가와 누가처럼, 그러나 자신의 방식으로) 그 이야기와 이후의 자료들을 사용하여 종려주일을 해석하는 한편 성금요일과 부활절에 있을 일들을 미리 내다본다. 따라서 나는 다음 사흘 동안 저녁 기도 예배 설교로 마태복음 22장의 이야기들을 같은 방식으로 탐구하기로 작정했다. 이를 위해 나는, 그 이야기들이 예수님의 사역 중심부와 그 놀랄 만한 대단원에서 집중적으로 통합된 주제들을 어떻게 진척시키고 발전시키는지 보여주기로 했다. 그러고 나서 세족 목요일 아침에 우리는 다른 종류의 예배를 드렸다. 그 예배에는 주교 관구의 성직자들 대부분이 자신들의 서품 서약을 갱신하기 위하여 참석했고, 우리들은 야고보서 5장 14

절에서 성경이 명한 것에 순종하여 사역에서 사용될 성유를 축성(祝聖)했다. 나는 거기에서 마태복음 23장 1~12절을 동일한 관점에서 강해할 기회를 가졌다.

세족 목요일 저녁에 우리는 성찬식을 하면서 요한복음 13장 21~32절에 나타난 세족 장면을 기념했다. 나는 그 기회에 예수님의 죽음으로 이어지는 사건들에 대한 요한의 해석으로 궤도를 전환했고, 성금요일 대예배 설교 때도 계속 요한복음을 다루었다. 그때까지 줄곧 마태와 요한에 대해 관심을 두고 연구한 다음, 나는 부활절 아침에 대한 그들의 두 기사에 대해 설교할 수 있었다. 첫 번째는 많은 후보자들에게 세례와 견진성사를 베푼 부활 성야(Easter Vigil) 새벽 예배 때였고, 두 번째는 대성당에서 드린 부활절 대예배 때였다.

나는 예수님이 사두개인들에게 하신 비판을 고난주간 내내 서브텍스트(subtext)로 삼았다. "너희가 성경도, 하나님의 능력도 알지 못하는 고로 오해하였도다."(마 22:29) 마태와 요한 둘 다 예수님의 사역 마지막 주간에 일어난 사건들을 성경 이야기 전체의 절정으로, 그리고 세상을 구하고 개조하기 위하여 하나님의 능력—역설적으로 예수님 자신의 인간적인 나약함 속에서 알려진—의 베일이 벗겨지는 위대한 순간으로 이해한다. 마태나 요한을 위해서건, 예수님 자신을 위해서건, 혹은 오늘날의 상황에 부합하도록 십자가의 의미를 재해석할지도 모를 누군가처럼, 나는 십자가의 의미에 대한 완전한 신학적 설명을 제시하려는 시도는 하지 않았다. 그러나 나는 그 문제에 대해 보다 새로운 각도로 접근함으로써, 이 설교들이 기독교 신앙의 중심에 있는 지극히 중요하고도 생생하게 살아 있는 사건들에 대한 이해를 풍부하게 함은 물론, 그 사건들을 삶으로 드러낼 수 있도록 힘을 불어넣어 주기를 희망한다.

각 장 머리에 나오는 성경 번역은 신약 성경에 대한 초급용 안내서인 '에브리원 주석 시리즈'(Everyone series, 한국 IVP에서 '톰 라이트의 에브리원 주석'으로 번역출간 중)에서 발췌했다(본 번역판에서는 개정개역판을 따랐다—옮긴이). 마지막 설교 시작 부분에 인용된 시는 나 자신의 시인데, 폴 스파이서(Paul Spicer)의 음악인 부활절 오라토리오의 오프닝 코러스에서 따온 것이다.

가장 오랜 친구들 중 하나이자 지금은 더럼의 주임사제인 마이클 새드그로브 목사님과 아주 가까이서 일할 수 있었던 것은 더럼의 주교로서 내가 누린 큰 기쁨 중 하나다. 그의 따스한 지원과 격려는 2005년 고난주간 동안 새롭고도 분명하게 다가왔다. 이 책을 그에게 헌정함으로써 깊은 감사와 애정을 작으나마 표현한다.

오클랜드 성에서
N. T. 라이트

1

아들과 돌

종려주일 아침 기도

"다시 한 비유를 들으라. 한 집 주인이 포도원을 만들어 산울타리로 두르고 거기에 즙 짜는 틀을 만들고 망대를 짓고 농부들에게 세로 주고 타국에 갔더니, 열매 거둘 때가 가까우매 그 열매를 받으려고 자기 종들을 농부들에게 보내니, 농부들이 종들을 잡아 하나는 심히 때리고 하나는 죽이고 하나는 돌로 쳤거늘, 다시 다른 종들을 처음보다 많이 보내니, 그들에게도 그렇게 하였는지라. 후에 자기 아들을 보내며 이르되, '그들이 내 아들은 존대하리라.' 하였더니, 농부들이 그 아들을 보고 서로 말하되, '이는 상속자니, 자 죽이고 그의 유산을 차지하자.' 하고, 이에 잡아 포도원 밖에 내쫓아 죽였느니라. 그러면 포도원 주인이 올 때에 그 농부들을 어떻게 하겠느냐?"

그들이 말하되, "그 악한 자들을 진멸하고 포도원은 제 때에 열매를 바칠 만한 다른 농부들에게 세로 줄지니이다."

✝

예수께서 이르시되, "너희가 성경에 '건축자들이 버린 돌이 모퉁이의 머릿돌이 되었나니, 이것은 주로 말미암아 된 것이요, 우리 눈에 기이하도다.' 함을 읽어본 일이 없느냐? 그러므로 내가 너희에게 이르노니, 하나님의 나라를 너희는 빼앗기고 그 나라의 열매 맺는 백성이 받으리라. 이 돌 위에 떨어지는 자는 깨지겠고, 이 돌이 사람 위에 떨어지면 그를 가루로 만들어 흩으리라." 하시니,

대제사장들과 바리새인들이 예수의 비유를 듣고 자기들을 가리켜 말씀하심인 줄 알고 잡고자 하나, 무리를 무서워하니 이는 그들이 예수를 선지자로 앎이었더라. (마태복음 21:33~46)

만일 화성에서 온 방문객—혹은 다소 멀리 떨어진 사우스 씨 아일랜드(남태평양 피지의 작은 섬—옮긴이)에서 왔다 해도 마찬가지겠지만—이 2005년 종려주일 직전 토요일에 카디프(영국 웨일즈 남부의 항구도시—옮긴이)에 가본 적이 있었다면, 거기에서 그들이 어리둥절 난감해 했더라도 이해할 만한 일이었을 것이다. 채 두 시간도 걸리지 않는 행사로 도시는 온통 야단법석 난장판이었다. 극도로 흥분한 서른 명의 선수들이 경기장을 달리고 있었는가 하면, 수만 명의 사람들은 함성을 지르고 있었다. 행사가 모두 끝났을 때, 한편의 많은 사람들이 격하게 환호했고, 나머지는 비탄에 빠졌다.

만일 우리가 화성에서 온 방문객에게 웨일즈 팀이 럭비에서 아일랜드 팀에 승리한 것이 왜 그렇게도 중요한 것인지 설명하려고 했다면, 우리는 한 편의 소설을 말해 주어야만 했을 것이다. 우리는 아주 작은 한 나라가 세계를 경영했던 그 옛날의 위대한 시대에 대해 이야기했을 것이고, 장구한 세월 동안 몇 번이고 되풀이하여 바라고 기다리고 노력했던 것에 대해서도 이야기했을 것이다. 그리고 희미

한 꿈이 가능해지기 시작했고, 그 가능성이 갑자기 진짜 실현될 것처럼 보였고, 이제 두 시간만 지나면 그 확실성이 판가름 날 상황에서, 우리는 지난 석 달 동안 쌓일 대로 쌓인 흥분에 대해서도 이야기했을 것이다. 그렇게 긴 이야기를 해 주어야 그 도시에서 온종일 일어난 소동을 설명할 수 있었을 것이다. 물론 우리 방문객이야 머리가 지끈지끈 아파올 것이 틀림없었겠지만 말이다.

첫 번째 종려주일에 예루살렘에서 일어났던 소동도 비슷하게 설명할 수 있다. 이것은 오늘 아침 읽은 본문과 앞으로 며칠 동안 연구하게 될 일련의 본문과 묵상의 배경이다. 웨일즈 럭비 팬들의 기억보다 상당히 더 긴 기억을 갖고 있는 한 민족에 대해 생각해 본다면, 우리는 어떻게 된 상황인지 이해하게 될 것이다. 이러한 기억들은, 전례와 축일에 고대의 이야기들을 정기적으로 반복해서 말하고, 과거에 일어났던 것과 미래에(현재는 물론 영원토록) 다시 일어나리라 생각하는(그러기를 희망하는) 것을 정기적으로 재연함으로써 새롭게 보존된다. 그러한 기억들 중에 다윗 왕 이야기가 있었다. 그는 예루살렘으로 와서 예루살렘을 취하고 예루살렘을 자신의 도성이자 그 눈부신 왕국의 중심으로 삼았다. 다윗과 그의 아들 솔로몬 치세 때, 그 왕국은 이웃 나라들을 다스렸고, 자유와 평화와 번영을 누렸고, 잠시나마 고대 근동 지방의 부러움을 샀다. 왕국이 분열된 이야기, 예루살렘이 침공받는 이야기, 그리고 성전을 정화하고 외국 군대들이 넘보지 못하게 한 히스기야와 요시야 같은 왕들의 이야기도 있다. 재앙과 포로로 끌려간 이야기, 수치와 파괴 이야기, 그리고 이스라엘의 하나님이신 야훼가 몸소 구원하러 오시면 다시 세우고 회복시키실 것이라는 예언자적 희망의 이야기도 있다. 그리고 훨씬 더 최근으로 오면, 최초의 종려주일에서 겨우 200년 전에는 헌신된 작은 무리인 유다 마카비우스(Judas Maccabaeus)와 그의 추종자들의 이야기도 있다. 그들은 시리아 인들이 성전을 더럽힌 후에 예루살렘과 성전을 탈환했던 자들로서, 증오스런 원수들에 대한 하나님의 승리를 경축하기 위해 종려나무 가지를 흔들며 도성으로 들어왔던 자들이었다. 그들은 성전을 정화하여 다시금 야훼의 거룩한 처소가 되도록 했고, 그렇게 함으로로써 100

년간 계속될 왕정을 수립했다. 이 모든 이야기들은 위대한 '이야기(Story)'로서 여러 세대 동안 그들을 지탱해 왔다. 그리고 마침내 그들은 그 이야기들이 실현되고 있다는 것을, 위대한 이야기가 그 절정에 도달하고 있다는 것을 진짜로 믿게 되었다.

그리고 다른 모든 복음서들—그러나 우리는 본 장과 다음 여러 장들에서 마태에 대해 관심을 갖고 연구할 것이다—과 마찬가지로, 마태는 예수님 자신이 그분의 사역을 통하여 되풀이하여 말씀하셨던 것을 예수님에 대한 마태 자신의 이야기를 통해 말하고 있다. 그것은 사실이다. 위대한 이야기가 실제로 그 절정에 도달했지만, 그 끝은 당신이 기대해 왔던 것이 아니다. 그들은 전사(戰士) 왕을 기대해 왔지만, 예수님은 평화의 길에 대해 말씀하시면서 나귀를 타고 오셨다. 그들은 성전을 완전하고도 최종적으로 회복할 누군가를 기대해 왔지만, 예수님은 성전을 부수는 행위 비유를 갖고 오셨다. 그들은 이방의 원수들을 몰아내고 이스라엘을 열국의 여왕으로 삼을 다윗의 아들을 기대해 왔지만, 예수님은 버림받고 죽임 당하나

결국 돌이 될, 즉 하나님의 새로운 건축물의 모퉁잇돌이 될 하나님의 아들에 대해 말씀하면서 오셨다. 나는 이렇게 기대들을 뒤집어엎는 사례들을 나열한 것이, 내가 도입부에서 제시한 예화에 나오는 세계에서 어떤 의미가 있을까 생각하고자 노력해 왔다. 그러나 그것을 생각하기란 매우 어렵다. 만일 우리가 웨일즈 럭비 팀이 구장으로 뛰어나와 럭비를 하는 대신 현악기를 집어 들고 놀란 군중들 앞에서 길고도 느린 켈트 애가를 연주하더라고 말한다면, 아마 그 분위기를 파악할 수 있을지도 모르겠다.

마가와 누가의 경우도 그렇지만, 마태가 말하는 종려주일 이야기는 일련의 비유들과 논쟁들로 자연스럽게 이어진다. 그 속에서 예수님은 대제사장들, 장로들, 사두개인들, 바리새인들, 그리고 일반 군중들과 맞서신다. 이 자료에 대해 부분적으로만 알고 있는 우리는 복음서 기자들이 전체 이야기 속에서 어떤 일을 하고 있는지 너무나 쉽게 잊어버린다. 그러나 복음서 기자들은 그것을 결코 잊지 않았다. 그것은 바로, 이 짤막한 장면들을 통해 한편으로는 성전에서 예수님이 하셨던 행동이 전적으로 어떤 의

미였는지를 설명하려는 것이고, 다른 한편으로는 예수님의 다음 행동이 어떤 의미가 있을지를 미리 설명하려는 것이다. 예수님이 종려주일에 성전에서 하셨던 것과 세족 목요일에 다락방에서 하셨던 것은 상호 해석적인 한 쌍의 행동으로서 함께 다루어질 수 있다. 물론 이 둘은 그 자체를 넘어서 모든 것 중 가장 위대한 행동, 즉 성금요일로 이어질 행동을 가리킨다. 그리고 본 장과 바로 이어질 장들에서 나의 목적은 마태가 연속적으로 다룬 비유들과 논쟁들을 그 묘미를 드러낼 수 있는 방식으로 탐구하는 것이다. 그렇게 함으로써 이것들이 서로 동떨어진 이야기들로 끝나는 것이 아니라, 우리의 닫힌 눈을 열어 소름 끼치는 엄연한 진리의 순간을 보게 하고, 우리의 불안한 마음을 이끌어 그 진리가 담고 있는 메시지를 보게 하는 것이다.

이와 같은 관점으로 보면, 오늘의 비유인 포도원 및 사악한 농부들, 그리고 아버지와 종들과 아들의 비유는 갑자기 초점이 아주 분명해진다. 뒤에 나오는 한 논쟁에서 예수님이 청중을 꾸짖으시는 장면이 나오는데, 그 이유는 그들이 성경도 하나님의 능력도 모르기 때문이다. 이 이야기의 밑바닥에는 이와 같은 내포된 교훈이 깔려 있을 것이다. 예수님은 이사야서 5장에 등장하는 시(詩)인 포도원과 그 주인, 그리고 마땅히 맺어야 할 포도 열매 맺기를 거부하는 포도원 이야기를 개작하고 계신다. 모든 사람은 이것이 어떤 의미인지 알았으므로, 예수님은 마지막에 "들을 귀가 있거든 들으라."라고 말씀하실 필요가 없었다. 모든 사람들은 예수님이 무엇에 대해 말씀하고 계셨는지 이미 들었고, 또 그 의미를 알고 있었기 때문이다. 그분은 이사야의 시를 확대하심으로써, 이제는 포도원 자체가 아니라 농부들을 문제 삼으셨다. 여기서 농부들은 다름 아닌 현재의 실제 통치자들로서, 자칭 하나님 백성의 통치자들이다. 사실 이것은 모든 담화들—종려주일의 행동 그 자체, 그리고 뒤이어 나오는, 도시와 성전과 모든 것이 마지막에 파괴될 것을 예언하는 무시무시한 최후의 담화—의 주요 주제 중 하나다. 예수님이 조명하셨던 문제가 있다. 그들은 그 문제를 인정하지 않았고 우리들 역시 인정하기를 원치 않기 때문에 종려주일이 언제나 나귀와 종려나무 가지들이 등장하는 감상 어린 졸작으로 전락하는 위험에 빠지게 된다. 그 문제는 바로 악이란 '외부에' 있는 것이 아니라, 하나님의 백성을 포함하여 우리 모두를 오염시켜온 그 무엇이라는 것이다. 그러므로 만일 우리가 진짜로 해야 할 일을 바로 알고 있다면, 우리는 '호산나'를 외치는 데서 더욱더 속히 돌이켜서 자비를 구하는 기도를 하게 될 것이다.

예수님의 비유를 보면, 그들은 이미 많은 경고를 받은 적이 있었다. 포도원 주인이 종이자 예언자인 전달자들을 보냈지만, 그들은 두들겨 맞았고 죽임을 당했고 돌을 맞았다. 이제 그가 아들을 보냈다. 그러나 그들은 시기심에 사로잡혀 아들을 잡아 포도원 밖으로 내쫓아 죽였다. 이 비유는 예수님 자신의 지위와 역할과 소명에 대해 예수님 자신의 입술로 말씀하신 가장 노골적인 진술들 중 하나이다. 이 비유에서 예수님은, 예언자의 일을 하지만 예언자보다 훨씬 더 큰 존재라는 예수님 자신의 독특한 지위와, 아버지가 보내실 수 있는 자가 더 이상 없을 때 마지막으로 남아 있는 자라는 독특한 역할과, 자신이 보냄 받은 대상인 사람들의 적대감과 폭력을 몸소 담당하는 독특하고 충격적인 소명에 대해 말한다. 이 비유가 구약 성경을 반향하고 하나님의 능력을 환기시키면서, 아무튼 이러한 난폭한 죽음 그 자체가 정해진 계획—결국 모든 게 괜찮다고 모두에게 말하는 것이 아니라, 모든 것이 어그러지는 곳의 심장부에 와서 저 모든 불의한 세력이 예수님 자신의 몸에 그 힘을 가하도록 허용하는 그러한 계획—에 포함되었을 것이란 사실을 보여주기는 하지만, 분명히 이 비유에는 아직까지 속죄의 신학이 없다. 아무튼 이 비유는 모든 것들이 궁극적으로 바로잡히려면 모든 것들이 지독히도 고약하게 되어야 한다고 말한다. 하나님의 아들은 악이 극도의 악을 떨치는 바로 그곳으로 오실 것이다. 그리고 그곳은 이방 세계의 외부가 아니라 하나님의 백성 내부의 바로 여기이며, 그때 하나님의 아들은 아무리 맹렬한 광포가 자신에게 가해지더라도 몸소 오실 것이다.

오직 그럴 때에만, 건축자가 버린 돌이 모퉁잇돌이 될 것이라는 말씀이 실현될 수 있다. '돌'과 '아들'을 뜻하는 히브리어 단어는 매우 비슷—에벤(eben)과 벤(ben)—하다. 따라서 돌에 대한 말씀과 아들에 대한 비유는 중의적으로 해석되도록 의도된 것이다. 무시무시한 심판을 경고하고, 하나님이 당신의 뜻을 이루시고 당신의 나라가 오게 하시고 악의 세력들에 맞서 당신의 백성의 결백을 입증시키실 것임을 약속하면서 말이다. 그러나 결백이 입증될 백성은 아들이신 '돌' 속에 그 정체성이 잠시 감추어져 있다. 자신들이 하나님의 백성이라고 생각했던 백성은 자신들의 몫을 위해 포도원을 차지하고 있는 것으로 밝혀지기 때문이다. 또한 그들은 주인이 자기 아들을 보내 그들이 주인 행세를 더 이상 하지 못하도록 할 뿐만 아니라 마땅히 자신의 권리인 열매를 요구한다는 생각을 감당할 수 없기 때문이다.

성금요일의 중요성은 우리가 마음과 가슴으로 처음이자 유일무이한 그러한 사건들로 돌아가는 데 혹은 돌아가야 하는 데 있다. 특별히 이 시대에 우리는 그 당시에 일어났던 사건이 그저 일반적인 유형의 한 예가 아니라, 종국적으로 우주 역사의 거대한 문이 열리도록 하는 경첩을 만들어내는 핵심이자 반복될 수 없는 사건들임을 상기해야 한다. 그것은 아마도 우리 세대가 믿기에는 가장 힘든 내용일 것이다. 그래서 우리는 우리 자신에게 그것을 반복해서 상기시켜야 한다. 그러나 그것을 믿을 때—우리가 종려주일로부터 성금요일, 그리고 부활절에 이르는 사건들의 독특하고 결정적이고 한 번뿐인 본질을 파악할 때—우리는 교회와 우리 자신의 마음과 삶 속에 언제나 배워야 할 유사한 교훈들이 있음을 재발견하게 된다. 이러한 사실로 인해 우리는 거의 깊은 불안 같은 것을 느끼지 않을 수 없다. 오늘날 자기 교회와 자기 백성에게 오실 때, 예수님은 동일한 메시지와 동일한 경고를 갖고 오신다. 그분은 오셔서 열매, 즉 자기 아버지에게 속한 열매를 찾으신다. 그러므로 우리 가운데 종려주일부터 성금요일에 이르기까지 여정을 다하기로 작정한 사람들이라면 두려움과 떨림이 아니고서는 그 무엇으로도 그렇게 할 수 없다. 사도 바울은 우리가 살아 계신 하나님의 성전들이라고 말한다. 우리가 찾고 있는 야훼가 다시 한 번 자신의 성전으로 오실 때, 그분이 심판의 이야기를 갖고 오실 필요가 있음을 또 한 번 발견하실 일이 결코 없기를 바란다. 그러므로 우리는 그 말씀을 듣고 그 이야기 속에서 삶으로써, 엿

새 후에는 십자가의 발 아래로, 여드레 후에는 빈 무덤으로 나아가서, "이것은 주로 말미암아 된 것이요, 우리 눈에 기이하도다."라고 말할 수 있기를 바란다.

2

임금과 손님들

고난주간의 월요일

예수께서 다시 비유로 대답하여 이르시되, "천국은 마치 자기 아들을 위하여 혼인 잔치를 베푼 어떤 임금과 같으니, 그 종들을 보내어 그 청한 사람들을 혼인 잔치에 오라 하였더니 오기를 싫어하거늘, 다시 다른 종들을 보내며 이르되 청한 사람들에게 이르기를 '내가 오찬을 준비하되 나의 소와 살진 짐승을 잡고 모든 것을 갖추었으니 혼인 잔치에 오소서 하라.' 하였더니, 그들이 돌아보지도 않고 한 사람은 자기 밭으로, 한 사람은 자기 사업하러 가고, 그 남은 자들은 종들을 잡아 모욕하고 죽이니, 임금이 노하여 군대를 보내어 그 살인한 자들을 진멸하고 그 동네를 불사르고 이에 종들에게 이르되, '혼인 잔치는 준비되었으나 청한 사람들은 합당하지 아니하니, 네거리 길에 가서 사

✝

람을 만나는 대로 혼인 잔치에 청하여 오라.' 한대 종들이 길에 나가 악한 자나 선한 자나 만나는 대로 모두 데려오니 혼인 잔치에 손님들이 가득한지라. 임금이 손님들을 보러 들어올새 거기서 예복을 입지 않은 한 사람을 보고 이르되, '친구여 어찌하여 예복을 입지 않고 여기 들어왔느냐?' 하니 그가 아무 말도 못하거늘, 임금이 사환들에게 말하되 '그 손발을 묶어 바깥 어두운 데에 내던지라. 거기서 슬피 울며 이를 갈게 되리라.' 하니라. 청함을 받은 자는 많되 택함을 입은 자는 적으니라." (마태복음 22:1~14)

　임금의 대만찬 이야기는 고난주간의 메시지뿐 아니라 일반적으로 예수님과 하나님 나라가 의미하는 충격적인 메시지를 종종 길들이려 하는 몇몇 작은 고정 틀을 깨뜨린다. 먼저 우리는 비유(parable)와 알레고리(allegory) 사이의 오랜 구별을 폐기해야 한다. 예수님의 일반적인 사역뿐 아니라 종려주일과 성금요일 사이의 다른 곳에서 나타나는 특정한 주제들에 비유와 알레고리 모두를 적용하면서, 마태는 예수님이 여기서 비유로 말씀하고 계시는데 거의 모든 행들에 '알레고리'의 특성이 두드러진다고 말한다. 앞에 나온 악한 농부 비유와 마찬가지로, 이 이야기에서 아들은 분명 예수님 자신이고, 임금은 포도원 주인처럼 분명 하나님 아버지이다. 그러나 자신을 '아들'로 제시하시는 예수님의 주장의 요점은 일차적으로 삼위일체적인 암시(이번 주가 다 가기 전에 다룰 것이긴 하지만)가 아니라, 예수님은 메시아로서 구약과 후기 유대 문서들이 하나님의 택한 아들이라 말하는 다윗의 자손이라는 점이 점점 더 명백해진다.

　여기서 파괴되는 또 다른 고정 틀은, 예수님이 같은 것

을 단 한 번만 말씀하셨기 때문에 서로 유사한 이야기들
과 비유들은 하나의 원 이야기로부터 병행하여 발전된 것
들임에 틀림없다는 생각이다. 누가복음과 소위 도마복음
이란 것에 나타난 만찬 이야기들이 이 경우에 속한다. 그
이론 덕택에 지난 두세 세대 동안 많은 저자들은 안도의
한숨을 내쉬며 무시무시한 마지막 네 절을 예수님이 아닌
마태의 것으로 돌릴 수 있게 되었다. 우리는 잠시 뒤에 이
것을 재론하게 될 것이다. 여기서 말하고자 하는 요점에
는 훌륭하고 핵심을 찌르는 비유와 알레고리를 구성해 내
기란 생각보다 훨씬 더 어렵다는 면이 있다. 이에 비하면
심지어 랍비들의 유례(rabbinic parallel)들조차 더 단조롭
고 흔하다. 그런데 만일 마태나 누가가 동시대 유대인들
을 뛰어넘어 예수님에게 견줄 만한 작문력을 지녔다면 그
것은 놀라운 일일 것이다. 그리고 물론 매스 미디어가 발
전하기 이전 시대의 방랑 교사였던 예수님은 돌아다니시
면서 이런저런 방식으로 비유와 알레고리를 발전시키시
면서 유사한 것들을 자연스레 반복해서 말씀하셨다는 면
도 있다. 그러므로 오늘의 이야기는 그 문화 속에서 이미

알려져 있는 민간 설화와 예수님이 전에 충분히 자주 말씀하셨던 다른 것들에 의존한다. 비록 이번에는 끝부분을 새로운 방식으로 변화무쌍하게 틀어버리지만 말이다.

또 하나 파괴되는 고정관념은 다가오는 메시아의 혼인 잔치의 배경에는 고대 유대인의 신앙이 있었다는 생각이다. 사실상 오늘 밤 본문은 그러한 생각이 최초로 나타났다는 점에서 충분한 가치가 있다. 물론 이전에도 실제로 메시아의 잔치가 나타나긴 한다. 그러나 실제 혼인 잔치는 오직 이곳과 석 장 뒤에 나오는 열 처녀의 비유, 그리고 요한계시록 19장에서만 등장한다. 신부는 물론이고 처음 여는 말을 제외하면 신랑 역시 이 이야기 속에는 없다. 그러나 그럼에도 불구하고 우리는 아마도 베케트의 희곡에 등장하는 인물들(1969년 노벨문학상을 수상한 새뮤얼 베케트는 인간의 허무와 부조리를 파헤친 전위극 「고도를 기다리며」에서 디디와 고고라는 부랑자를 등장시킨다. 이들은 오지 않을 인물 '고도'를 하염없이 기다리며 대화를 나눈다―옮긴이)처럼 신랑 신부의 존재를 의식할 것이다.

이 모든 것들을 통해 우리는 마태가 염두에 두고 있는

첫 번째 요점에 도달하게 되는데, 그것은 이 이야기가 예수님이 종려주일에 성전에서 하셨던 일을 추가로 설명한다는 것이다. 어째서 그러한가?

전달자들은 물론 최종적으로 아들마저도 거부함으로써 재앙을 자초한 악한 농부들처럼, 청함을 받았지만 감사함으로 받아들이지 않은 손님들은 (명백하게 알레고리라는 선상에서 보면) 자신들을 혼인 피로연으로 부른 전달자들을 잡고 때리고 죽이는 셈이다. 농부들을 징벌한 포도원 주인처럼, 임금은 군대를 보내 혼인 잔치에 초대했던 손님들이 살고 있는 것이 분명한 동네를 불살라버린다. 두 비유들은 우리가 어떻게든 알고 있어야 할 것, 즉 예수님이 성전에서 하신 일은 심판을 행동으로 보여주는 비유였다는 사실을 가리킨다. 자신의 항아리를 깨트린 예레미야처럼, 예수님은 하나님이 돈을 바꾸어주는 상뿐 아니라 성전을 지은 재료인 바로 그 돌들을 뒤엎으실 것임을 예언적으로 말씀하고 계셨다. 물론 현재의 연속적인 가르침을 통해 우리의 눈은 마태복음 24장을 바라보게 되는데, 여기에서 이 가르침은 묵시적 언어로서는 더할 나위 없을 만큼 명백해진다.

이곳은 우리가 뒤에 나오는 사두개인들처럼, 성경과 하나님의 능력에 대해 다시 떠올려야 하는 지점이다. 우리는 어떤 문화와 어떤 시대 속에 사는 고립된 개인들과 관련하여 하나님이 어떻게 행동하시는지에 대해 말하고 있는 것이 아니다. 우리는 어둡지만 하나님이 이끄시는 성경 내러티브의 절정에 대해 말하고 있다. 다가오는 메시아의 잔치는 이스라엘의 모든 희망의 실현이었고, 그때야말로 야훼가 모든 것을 바로잡으실 때였고, 하나님이 이스라엘을 처음 부르신 목적이 마침내 성취될 때였다. 선택된 백성이 있다는 것이 말하고자 하는 온전한 요점은, 그들을 통하여 창조자 하나님이 세계의 오래된 잘못들을 고치실 것이란 사실이었다. 그러므로 예언자들이 이스라엘에게 새롭게 순종하라고 요청했을 때, 그것은 하나님이 선택하신 목적의 속행을 위함이었다. 그리고 우리가 현재 다루고 있는 장들에서 거듭하여 나타나는 주제인, 이스라엘이 예언자들을 잡고 때리고 죽이는 그러한 행동은 선택 자체를 거칠게 거부하는 것으로밖에 보일 수 없었다. 마침내 마지막 예언자까지 살해하는 이런 극악한 거부는, 거룩한 도시, 예루살렘, 성전, 희생 제도가 의미하는 모든 것은 이제 과거의 것이 되었다는 사실과, 하나님이 더욱 분명하고 놀라운 경로로 동일한 계획을 성취하실 것이라는 사실에 대한 상징적인 선언이었다.

물론 이것은 그 마지막 예언자 자신에 대한 거부로 이어질 것이었다. 예수님이 성전에서 하신 행동이 제기하는 근본 문제, 즉 예수님이 대제사장 앞에 서실 때 화산처럼 표면으로 터져 나올 때까지 지금 우리가 다루고 있는 장들의 밑에서 우르르 울리고 있는 문제는 바로 예수님은 자신을 어떤 분으로 생각하시는가 하는 점이다. 오직 한 사람, 즉 대제사장 자신도 아닌 오직 한 사람만이 예수님이 하셨던 것과 같은 방식으로 성전에서 행동할 권위를 갖고 있다. 성전을 계획한 사람은 다윗이었고, 그것을 건축한 사람은 솔로몬이었고, 그것을 정화한 사람은 히스기야와 요시야였고, 그것을 재건한 사람은 스룹바벨이었고, 그것을 재정화한 사람은 유다였고, 그것을 재건하고 있는 사람은 헤롯이었다. 성전을 부수고 재건하는 일은 불가피하게 왕이 할 일이었다. 지금쯤은 이미 여러 차례 소문 공작소를 돌아다녔을 파괴와 재건에 대한 예수님의 말씀은 은근히 왕권을 주장하는(모든 사람들은 그렇다는 것을 알고 있었다) 것이었다. 성전의 폐지를 선언하는 사람은 바로 다윗의 자손인데, 그는 그렇게 함으로써 천 년 동안 예표로서 있었던 성전을 향한 하나님의 계획을 자신에게로 돌린다. 아버지는 실제로 자기 아들을 위하여 혼인 잔치를 준비했다. 그리고 그 잔치가 실제로 있을 것이다. 그러나 청함을 거부한 사람들이 사는 동네는 불타버릴 것이다.

그다음에는 어떤 일이 일어날 것인가? 아무튼 하나님의 목적은 어떤 식으로든 진행될 것이다. 이스라엘을 선택하신 것이 실수는 아니었지만, 하나님이 이스라엘을 통해서 수행하려고 하셨던 계획은 이제 오직 아들에 의해서만 진척될 것이다. 성전 건축이 실수는 아니었지만, 이제 희생 제사의 장소는 오직 아들이 될 것이다. 이 비유의 중심에 있는 신비는 복음의 중심에 있는 신비 그 자체다. 즉, 모든 사람이 하나같이 아버지의 부름을 거부했고, 그들에게 거부당한 마지막 사자인 아들 그 자신이 그 거부 자체를 받아들여 그것을 아버지의 계획이 마침내 성취될 수단으로 삼을 것이다. 그러나 이것은 지금 우리에게는 약간 앞선 것이다. 그렇다면 이 비유의 핵심 주제, 즉 우리에게 부분적으로는 분명하고 부분적으로는 불분명한 주제에 대해서는 어떠한가?

핵심 주제는 더 이상 대단하고 훌륭한 사람들이 아니라 누구 할 것 없이 모든 사람에 대해 초청이 갑작스레 아낌없이 개방된다는 것이다. 거리에서 볼 수 있는 모든 사람이 그 잔치에 초청될 것이다. 우리는 안도의 한숨을 내쉰다. 예수님은 마침내 우리와 장단을 맞추신다. 바로 여기에 우리가 알고 사랑하는 복음, 즉 모든 사람이 들어올 수 있도록 문이 개방되는 철저한 포용성이라는 메시지가 있다. 그것은 사실이고, 영광스러운 것이고, 반복해서 말할 필요가 있다.

그러나 그 이야기가 급선회해, 듣는 게 전혀 달갑지 않고 우리 시대의 정신과는 아주 조화되지 않아서 속히 마태의 입을 틀어막게 되는 현실을 직면하는 순간, 우리는 단지 우리가 듣고 싶은 메시지를 약간만 듣고 있을 뿐이라고 말할 수밖에 없다. 식탁에서 점잖은 손님들이 들어서는 안 될 진실을 누설하는 어린이들을 향해 "쉿!" 하여 입 다물게 하는 어른들처럼 말이다. 결혼식 예복을 입지 않은 사람에 대해서는 어떠한가? 울며 이를 가는 것에 대해서는 어떠한가?

우리는 바로 여기에서, 음행 중에 잡혀 온 여인에 대해 요한이 기록한 이야기 말미에서와 동일한 관점을 만나게 된다. 우리가 마지막 행을 그럴듯한 말로 겉꾸리기란 얼마나 쉬운가? 우리가 듣고 싶은 말은 용서의 말이다. "나도 너를 정죄하지 아니하노니." 우리가 듣고 싶어 하지 않을 말은 다음의 필연적인 말이다. "가서 다시는 죄를 범하지 말라." 산상 설교에서처럼, 누구라 할 것 없이 처음에 모든 사람에게 주어지는 큰 축복은 마지막에 나타나는 단호한 경고와 대치된다. 일부 '주여, 주여'라고 말할 사람들도 있겠지만, 주님은 그들을 알아보지 않으실 것이다. 마태복음 13장의 비유들에서처럼, '좋은 것과 나쁜 것'이 당분간은 함께 보존되지만, 궁극적으로는 분리된다. 물론 경고가 없다면 은혜는 단순한 관용으로 변질되어버린다. 우리 시대의 큰 도덕적·영적 단층선들 중 하나가 바로 여기에 있다. 바울은 로마서 6장 1절에서 바로 그것을 지적한다. 만일 하나님이 철저한 죄인들에게 아낌없는 은혜로 행동하신다면, 우리는 더 큰 은혜를 받을 수 있도록 계속해서 철저한 죄인으로 남아 있는 것이 최선이지 않겠는가? 바울의 대답, 마태의 대답, 예수님의 대답은 아주 간단하다. 메 게노이토(Mē genoito). "그럴 수 없느니라." "청함을 받은 자는 많되 택함을 입은 자는 적으니라."

그리고 물론 '적은 수'—이것 역시 마태의 관점의 일부인 것처럼 보이는데, 나 자신의 최종적인 관점과 이어진다—는 한 사람으로 초점이 맞추어지는 과정 가운데 있다. 이것은 그 비유의 말미에서 아주 지독하게 방향을 튼 것이다. 이런 방식을 통해 고난주간의 모든 이야기들처럼 실제로 그 이야기는, 이상하게도, 성전에서 하신 예수님의 행동으로부터 세족 목요일과 성금요일에 이어질 행동으로 눈을 돌리도록 한다. 혼인 잔치가 벌어지지만, 내어놓은 주된 음식은 신랑의 몸과 피이다. 임금은 준비되지 않은 손님들에게 형을 언도하고, 그 죗값을 받는 자는 임금 자신의 아들이다. 실제로 한 사람이 옷이 벗겨지고, 결박당하고, 손발에 못질을 당하기까지 하고, 바깥 어두운 데로 쫓겨난다. 그리고 그는 바로 임금의 아들, 즉 신랑 자신으로 판명된다. 실제로 모든 사람이 청함을 받지만, 그것은 바로 십자가 발 아래 서 있으라는 요청이다. 이야기가 펼쳐지면서, 혼인 잔치에 대한 꿈이 처음에는 나쁜 꿈이 되었다가 급기야 악몽이 된다.

그리고 예수님의 복음을 더 안전하고 쉬운 것이 될 수 있도록 쏟아 부었던 남은 모든 고정 틀을 파괴하는 것은 바로 그 악몽, 즉 우리가 성금요일이라 부르는 공포다. 이것이 바로 우리가 종려주일로부터 성금요일에 이르도록 도와주는 마태복음 21, 22장의 비유들과 이야기들만 필요로 하는 것이 아니라, 그 비유들과 이야기들을 이해하도록 도와주는 종려주일과 성금요일 또한 필요로 하는 이유이다. 성경과 하나님의 능력 모두가 하나님의 메시아의 인격 속에서 갑자기 나타나는데, 그와 함께 굴러 떨어지고, 어둡고 바닥도 없는 슬픔과 수치의 구덩이로 빠져들 뿐이다. 그리고 구덩이 어귀에서 3일 동안 아연실색한 채

서 있고 나서야, 우리는 다시 한 번 혼인 잔치와 아낌없는 환영과 새 성전과 참으로 거룩한 예복과 희망에 대해 말하기에 적절한 상태가 될 것이다. 자기 아들의 혼인 잔치를 준비하기 위해 임금이 치러야 하는 대가에 대해 숙고해 본 후에야, 우리는 다시 한 번 감히 하나님을 아버지라 부르고 그의 나라가 임하기를 기도할 수 있다.

3

세금과 부활

고난주간의 화요일

이에 바리새인들이 가서 어떻게 하면 예수를 말의 올무에 걸리게 할까 상의하고, 자기 제자들을 헤롯 당원들과 함께 예수께 보내어 말하되, "선생님이여, 우리가 아노니 당신은 참되시고 진리로 하나님의 도를 가르치시며 아무도 꺼리는 일이 없으시니 이는 사람을 외모로 보지 아니하심이니이다. 그러면 당신의 생각에는 어떠한지 우리에게 이르소서. 가이사에게 세금을 바치는 것이 옳으니이까 옳지 아니하니이까?" 하니,

예수께서 그들의 악함을 아시고 이르시되, "외식하는 자들아 어찌하여 나를 시험하느냐? 세금 낼 돈을 내게 보이라." 하시니, 데나리온 하나를 가져왔거늘, 예수께서 말씀하시되, "이 형상과 이 글이 누구의 것이냐?" 이르되, "가이사의 것이니이다."

이에 이르시되, "그런즉 가이사의 것은 가이사에게, 하나님의 것은 하나님께 바치라." 하시니, 그들이 이 말씀을 듣고 놀랍게 여겨 예수를 떠나가니라.

부활이 없다 하는 사두개인들이 그날 예수께 와서 물어 이르되,

"선생님이여 모세가 일렀으되, '사람이 만일 자식이 없이 죽으면 그 동생이 그 아내에게 장가들어 형을 위하여 상속자를 세울지니라.' 하였나이다. 우리 중에 칠 형제가 있었는데, 맏이가 장가들었다가 죽어 상속자가 없으므로 그 아내를 그 동생에게 물려주고, 그 둘째와 셋째로 일곱째까지 그렇게 하다가, 최후에 그 여자도 죽었나이다. 그런즉 그들이 다 그를 취하였으니 부활 때에 일곱 중의 누구의 아내가 되리이까?"

예수께서 대답하여 이르시되, "너희가 성경도, 하나님의 능력도 알지 못하는 고로 오해하였도다. 부활 때에는 장가도 아니 가고 시집도 아니 가고 하늘에 있는 천사들과 같으니라. 죽은 자의 부활을 논할진대 하나님이 너희에게 말씀하신바, '나는 아브라함의 하나님이요, 이삭의 하나님이요, 야곱의 하나님이로라.' 하신 것을 읽어보지 못하였느냐? 하나님은 죽은 자의 하나님이 아니요, 살아 있는 자의 하나님이시니라." 하시니, 무리가 듣고 그의 가르치심에 놀라더라. (마태복음 22:15~33)

고난주간은 동전 부딪히는 소리 안에서 구도가 짜여 있다. 종려주일에 예수님이 동전을 바꾸어주는 상을 뒤엎으시자 돈이 온 바닥 위로 쏟아졌다. 금요일에 유다는 은화 30냥을 내동댕이쳤다. 둘 사이에서 균형을 유지하시면서, 예수님은 작은—6펜스짜리만큼 작고, 독수리만큼 힘 있는—동전 하나를 살펴보신다. 돈과 그 정치적 의미는 고난주간에서 매우 중요한 것이다.

부활도 마찬가지다. 예수님은 길을 걸으시며 제자들에게 자신이 십자가형을 받을 것이고 사흘 뒤에 다시 살아날 것이라고 말씀하셨다. 늘 그렇듯이 그들은 예수님이 무슨 말씀을 하시는지 전혀 이해하지 못했다. 그러나 그 일은 일어났다. 그리고 중도에 바로 여기에서, 우리는 부활에 대해 예수님에게 도전하는 사두개인들을 만난다. 이것 역시 고난주간에서 매우 중요하다.

이러한 까다로운 질문 두 가지를 일괄적으로 다루는 것이 이상하게 보일지도 모른다. 마태와 누가는 마가를 따라, 한편에는 종려주일을 다른 한편에는 성금요일을 연결하고, 우리로 하여금 그 둘을 이해하도록 도와주는 일련의 이야기들의 중심에 그 질문들이 서로 등을 맞대도록 배치한다. 가이사에게 세금을 바치는 문제는 달리 말하면 단순히 (이른바) '교회와 국가' 혹은 '종교와 정치'에 대한 물음이 아니다. 일곱 남편을 가진 여인에 대한 사두개인들의 이상한 질문(그리고 거의 비슷하게 이상한 예수님의 대답)은 단순히 예수님이 부활에 대해 믿으셨던 것을 보여주는 동떨어진 이야기가 아니다. 가이사 질문과 사두개인의 질문은 성전 정화와 예수님의 수난의 의미에 대한 이중적인 추가 설명을 구성하는 것이다.

이곳은 예수님이 내가 본서의 주제로 삼은 질책을 입 밖으로 내시는 곳이다. 그분은 이렇게 말씀하신다. "너희가 성경도, 하나님의 능력도 알지 못하는 고로 오해하였도다." 이것은 단순히 사두개인들이 부활을 부인한 것에 대해서만 적용되지 않는다. 비록 가이사의 동전에 대한 반응으로 성경을 인용하시지는 않지만, 예수님은 이방 치하에서 사는 하나님의 백성에 대한 성경의 모든 내러티브, 즉 출애굽기로부터 사사기, 이사야서와 예레미야서, 그리고 무엇보다도 다니엘서에 이르는 사고의 방향에 은

연중 호소하시는 것이다. 그분의 관점은, 질문자들이 가이사에게 세금을 바치는 것에 대해 질문했던 방식은 그들이 이러한 성경적 사고 방향과 그것이 증언하는 하나님의 능력—그리고 모든 이방 세력 위에서 다스리는 하나님의 나라—을 망각했음을 보여준다. 성경 내적으로, 그리고 하나님의 능력이란 견지에서 보면, 이 본문을 이해하는 열쇠는 돈은 또한 신학적인 문제이고 부활은 또한 정치적인 문제라는 사실을 깨닫는 것이다. 그것들은 모두 우리로 하여금 고난주간의 중심을 향하여 나아가게 한다.

예수님이 아직 소년이었을 때, 수천 명의 유대인들이 로마의 인구 조사와 그에 따른 납세에 동참하기를 거부했다는 이유로 십자가형을 받았다. 납세 거부 운동은 유다라는 사람의 지도로 이루어졌다. 그의 슬로건은 예수님이 나중에 채택하신 것, 즉 하나님의 나라였다. 만일 자신을 하나님 나라의 사람으로 부른다면, 당시에는 그것이 자신을 17세기의 제5왕국파(Fifth-Monarchy man. 아시리아, 페르시아, 그리스, 로마의 뒤를 이어 그리스도의 천년왕국인 제5왕국이 곧 임하리라고 믿었던 기독교 종파로, 처음에는 올리버

크롬웰을 지지했으나, 곧 그를 반대하는 것으로 입장을 선회한 이후 정부와 대치한 끝에 소멸되었다—옮긴이)로, 혹은 18세기의 재커바이트(Jacobite. 명예혁명으로 왕위에서 쫓겨난 제임스 2세와 그 자손을 영국의 정통 군주로서 지지한 영국의 정치 세력—옮긴이)로 부르는 것처럼 들렸음에 틀림없다. 그리고 아마도 그들처럼, 당신 역시 성경과 하나님의 능력을 원용했을 것이다. 그것이 바로 성경에 근거한 강경파인 바리새인들이 세금을 반대하고 폭동을 지지하는 경향을 보인 이유다.

그리고 바로 그러한 혁명적인 집단들 사이에서 부활에 대한 신앙이 번성하고 있었던 것이다. 부활은 죽음 이후의 삶에 대한 깔끔한 방식의 담화는 아니었다. 부활은 '죽음 이후의 삶' 이후의 새로운 몸의 삶에 대한, 하나님이 모든 것을 다시 바로잡으시고 죽어 있는 모든 의인들을 일으키셔서 정의와 평화가 넘치는 새로운 이 세상 나라에 참여하게 하시는 것에 대한 담화 방식이었다. 하나님이 그 일을 하고 계심과 그들이 그 일에 참여할 것임을 믿는 사람들은—하나님이 현 세상을 파괴하시고 자신들을 구별

하여 영적 '천국'으로 데려갈 것으로 믿는 사람들과는 반대로—그러한 하나님의 이름과 그러한 미래의 희망 속에서 지금 여기에서 미리 하나님의 정의를 위해 일할 가능성이 매우 높을 것이다. 부활은 정치적인 문제이다. 그것이 바로 부유한 보수 귀족들인 사두개인들이 부활을 필사적으로 반대한 이유이다.

그러므로 세금에 관한 물음과 부활에 관한 물음은 진짜 근원적인 물음의 중심으로 이어지게 된다. 종려주일에 이르기까지 예수님은 자신을 누구라고 생각하셨으며, 그 사실은 전부 어디로 향하고 있었는가? 만일 예수님이 하나님의 나라를 공표하셨고, 마치 그 자신을 메시아로 생각하신 것처럼 성전 자체의 폐지를 선언할 권리를 갖고 성전에서 행동하셨다면, 그분은 납세 거부, 반(反) 가이사 운동을 지지하고 계셨던 것인가? 그분은 세계를 바로잡자는 운동인 부활 운동을 지지하고 계셨던 것인가? 그분은 로마인들의 눈에는 보통의 혁명가였기 때문에, 혹은 강경론자들의 눈에는 왕 되신 하나님에 대해 자신이 말씀하셨던 것과 실제로는 달랐기 때문에 정죄받으실 만한 모종의 진술을 하도록 내몰릴 수 있으셨던 것인가?

예수님 당대의 운동들 뒤에는 또 다른 유다인 유다 마카비우스의 영예로운 혁명이 민중들의 기억 속에 생생하게 자리 잡고 있었다. 종려나무 가지가 흔들리는 가운데 예루살렘으로 들어와서 성전을 정화하고 왕조를 세웠던 사람은 바로 그였다. 마카비우스의 메아리는 이러한 일련의 이야기들에 늘 붙어다닌다.

첫째, 가이사에게 바치라. 유다 마카비우스의 아버지인 맛다디아(Mattathias)는 하나님의 거룩과 성전과 율법을 열성적으로 지켜왔었다. 그가 아들들에게 한 마지막 말은 다음과 같다. "이방인들에게 그들이 응당 받아야 할 것을 돌려주고, 율법의 계명에 주목하거라." 다른 말로 하면, 이방인들에게 속한 것을 이방인들에게 바치고, 하나님에게 속한 것은 하나님에게 바치라는 말이다. 그리고 그는 그들에게 세금을 내라고 말하지는 않았다. 그는 그들에게 교회와 국가의 분리에 대한 지침을 주지는 않았다. 이방인들에게 그들이 응당 받아야 할 것, 즉 혁명을 돌려주는 것은 하나님에 대한 그들의 의무의 일부였다.

그러나 예수님은 동전 하나를 살펴보고 계셨다. 그분에게 문제를 제기하는 사람들은 다음과 같이 영어로는 제대로 번역되지 않는 아첨 하나로 시작했다. "당신은 아무도 꺼리는 일이 없으시니, 이는 사람을 외모로 보지 아니하심이니이다." 이 구절의 후반부는 히브리어 관용구를 따르고 있는데, 헬라어 표현을 문자적으로 보면 다음과 같다. "당신은 사람의 얼굴을 보지 않으십니다." 지금 여기서 그분은 작지만 완전한 형상의 얼굴, 즉 가이사 티베리우스를 대면한 채 서 계시는데, 그 얼굴 둘레에는 다음과 같은 말이 씌어 있다. '가이사 티베리우스, 신의 아들, 거룩한 아우구스투스의 아들.' 그리고 이면에는 대제사장이란 뜻의 '폰티펙스 막시무스(Pontifex Maximus)'란 단어들과 함께 평화라는 뜻의 팍스(Pax) 여신의 형상이 있다. 무슨 메시지를 말하는지 알겠는가? 그 얼굴을 보고 세금을 내라. 그러면 진정한 대제사장인 신의 아들이 당신에게 평화를 줄 것이다. 이것은 고금을 막론하고 모든 제국에서 준용하는(mutatis mutandis) 거만한 호언이다. 제국의 세금은 신학적 문제이다. 아버지의 형상이시며 참된 대제사장이신 하나님의 아들이 동일한 호칭을 내세우는 거만한 이방인의 형상과 대면하시는 것을 보고 팽팽한 긴장을 느껴보라. "그런즉 가이사의 것은 가이사에게, 하나님의 것은 하나님에게 바치라."

의미를 하나하나 재확인하면서, 예수님이 하셨던 것을 살펴보라. 그분은 다소 혁명적인 슬로건을 인용하셨다. 그러나 자기 앞에 놓인 가이사의 동전을 갖고서, 그분은 동시에 다른 진리, 다른 종류의 혁명을 시사하신다. 그분이 빌라도에게 말씀하신 대로, 로마는 위로부터 받지 않고서는 아무 권위도 가질 수 없었다. 현존하는 권력은 자신이 무엇을 상상하건 신적이지 않다. 그것은 하나님이 기름 부으신 것이므로, 하나님의 백성은 그것을 존중하는 동시에 책임을 물어야 한다. 그것이 바로 이방 권세에 대한 고대 유대인들의 관점이다. 그렇다면 어떤 특정한 경우에건 다음과 같은 문제 제기가 가능해진다. 이 경우에 '존중'이란 무슨 의미인가? 그리고 더 구체적으로는, 이 경우에 '그들에게 책임을 묻는 것'은 무슨 뜻인가?

이 질문을 통해 마침내 우리는, 종려주일 이전부터 성

금요일에 이르기까지 흐르는 주제와의 더 넓은 관련성을 보게 된다. 예수님은 어떻게 권력에 책임을 지라고 요청하시는가? 나라의 회복에 고무된 혁명이라는 통상적인 수단으로가 아니고 말이다. 예루살렘으로 가는 길에 야고보와 요한은 그 나라에서 가장 좋은 자리에 앉게 해 달라고 요구했다. 예수님은 아니라고 말씀하신다. "이방인의 집권자들이 그들을 임의로 주관하지만, 너희 중에는 그렇지 않아야 하나니, 너희 중에 누구든지 크고자 하는 자는 너희를 섬기는 자가 되어야 한다. 인자가 섬김을 받으려 함이 아니라 도리어 섬기려 하고, 자기 목숨을 많은 사람의 대속물로 주려고 온 것처럼 그래야 한다." 십자가를 향해 가시는 예수님의 모든 이야기는 정치적인 이야기로서, 정치권력을 비판하고 재정의하는 것에 대한 이야기이다. 우리는 바로 그 이야기 속에서 하나님 나라의 신학과 속죄의 신학을 발견하고, 또한 그 속에서 오늘날 우리를 위한 십자가의 의미를 발견한다. 예수님의 일생 동안, 가이사는 세금을 바치고 자신이 주는 평화를 얻으라고 말했다. 그렇지 않으면 십자가형에 처할 것이라고 했다. 그러나 예수님은 돈을 바닥에 내던지시면서 가이사가 요구한 것을 피를 흘리시며 바치시고, 동일한 행동을 통하여 아버지께는 아버지가 요구하셨던 것, 즉 종의 순종을 바치신다. 그 종의 순종을 통해 세상의 힘은 하나님의 힘에 직면하게 된다.

물론, 그렇다면 사두개인들의 질문에 대답하는 것은 그와 같은 능력이다. 그들의 이야기 역시 마카비우스의 이야기와 관련이 있다. 일곱 형제와 한 아내에 대한 사두개인들의 이야기는 이상하게도 마카베오기 하권에 나오는 일곱 형제와 한 어머니 이야기—부활할 때 하나님이 자신들의 몸을 돌려주실 것이라고 외치면서 순교의 길로 가는—를 반향한다. 그러나 예수님은 그 사실을 확인하시면서도 부활을 재정의하고 계신다. 예수님이 죽은 자들이 하늘에서 천사가 '될' 것이라고 말씀하시지 않는다는 사실을 주목하라. 그들은 천사들과 '같을' 것이다. 불멸하는 육신의 새로운 삶으로 부활할 때, 그들은 자식을 낳을 필요가 없고, 또 그렇기에 결혼할 필요도 없을 것이란 의미에서 그렇다. 다른 말로 하면, 부활은 이전과 같은 종류의

삶으로의 단순한 소생이 아니라 새로운 양식의 육신의 삶
으로의 변혁을 의미할 것이다. 그리고 모세에게 그 자신의
존재에 대해 아브라함의 하나님이요 이삭의 하나님이요
야곱의 하나님이라고 하신 하나님의 말씀이 강하게 시사
하는 것처럼, 의롭게 죽은 모든 사람들은 부활하기 전 중
간기에 하나님의 존전에서 안전하고 편하게 살아 있다.

다른 종류의 부활이자, 다른 종류의 혁명이다. 하나님
이 모세에게 자신을 아브라함과 이삭과 야곱의 하나님으
로 공표하셨을 때, 그 직접적인 상황은 이스라엘이 애굽
에 노예로 있는 상태였다. 또한 그 직접적인 의미는 이러
했다. "내가 내 약속을 다 이루어 내 백성을 해방하려고
한다." 부활과 해방은 나란히 함께 간다. 성경과 하나님의
능력은 하나님이 속박과 노예 상태로부터 자기 백성을 구
출하시기 위해 실제로 다시 행동하실 것임을 의미한다. 마
태가 우리에게 말하는 것처럼, 이것이 바로 예수님이 하늘
과 땅 모두에 대해 완전한 권위를 굳히시는 바로 그 순간,
즉 부활절의 의미이다.

가이사 질문과 사두개인의 질문을 함께 재고해 보면 무

엇을 발견할 수 있는가? 우리는 십자가로 가는 길에 예수님 자신이 세상의 큰 악들—재정적 요구 사항을 갖고 있는 제국 체제—과 세상의 큰 소망—하나님이 노예들을 놓아주시고, 죽은 자를 일으키시고, 세상을 바로잡으실 것이라는 소망—모두를 짊어지시는 것을 발견한다. 성경은 우리에게 이러한 소망의 근거를 주고, 하나님의 능력은 우리에게 그것이 이루어질 것이라는 확신을 준다. 이 메시지는 우리 각자에게 고난주간에 대한 심오한 개인적 의미와, 제국의 재정적 요구에 노예로 매여서 여전히 신음하는 세상 속에서 오늘을 위한 심오한 정치적 의미를 제공한다. 그러나 부활의 길은 분명 죽음을 통해야 한다. 그 죽음은 다른 제국을 선언하는 대가로 가이사가 요구하는 죽음이다. 그리고 그 죽음을 통하여 예수님은 하나님에게 하나님 자신의 것, 하나님 자신의 생명, 하나님 자신의 순종, 하나님 자신의 형상을 바치신다.

4

율법과 주

고난주간의 수요일

예수께서 사두개인들로 대답할 수 없게 하셨다 함을 바리새인들이 듣고 모였는데, 그중의 한 율법사가 예수를 시험하여 묻되,

"선생님 율법 중에서 어느 계명이 크니이까?"

예수께서 이르시되, "네 마음을 다하고 목숨을 다하고 뜻을 다하여 주 너의 하나님을 사랑하라 하셨으니 이것이 크고 첫째 되는 계명이요, 둘째도 그와 같으니 네 이웃을 네 자신같이 사랑하라 하셨으니 이 두 계명이 온 율법과 선지자의 강령이니라."

바리새인들이 모였을 때에 예수께서 그들에게 물으시되,

"너희는 그리스도에 대하여 어떻게 생각하느냐? 누구의 자손이냐?"

대답하되, "다윗의 자손이니이다."

이르시되, "그러면 다윗이 성령에 감동하여 어찌 그리스도를 주라

칭하여 말하되,

'주께서 내 주께 이르시되,

내가 네 원수를 네 발 아래에 둘 때까지,

내 우편에 앉아 있으라 하셨도다.'

하였느냐? 다윗이 그리스도를 주라 칭하였은즉, 어찌 그의 자손이

되겠느냐?" 하시니,

한 마디도 능히 대답하는 자가 없고, 그날부터 감히 그에게 묻는

자도 없더라. (마태복음 22:34~46)

바리새인들이 예수님에게 던진 질문은 그들에게 하신 예수님의 질문과 함께 마태복음 22장에 나타난 짧은 대화와 그 병행 구절들 중 마지막 한 쌍을 구성한다. 이러한 연속적인 병행 구절들은 우리로 하여금 그 병행 구절들이 설명하는 종려주일로부터 그 병행 구절들이 바라보는 성금요일을 향해 앞으로 나아가도록 한다. 다시 한 번 우리는 예수님의 행동과 가르침 속에서 성경과 하나님의 능력을 마주 대하게 된다. 예수님은 반복해서 성경으로 돌아가시는데, 이는 그분이 자신 안에서 성경이 그 절정에 도달하고 있다고 믿으셨기 때문이다. 하나님의 능력은 단지 천국의 영광에만 한정된 것이 아니라, 예수님 안에서 하나님의 나라를 천국에서와 같이 이 땅 위에서도 이루어지게 한다. 성경이 말하는 고통과 약속은 바로 고난주간의 모든 것이다.

물론 우리가 그것을 미디어로부터 알 수 있는 것은 아니다. 이 책의 모태가 된 설교를 했던 그 주간의 성금요일에, 나는 텔레비전에서 무엇을 하는지 잠시 살펴보았다. 히스토리 채널에서는 본디오 빌라도에 대한 다큐멘터리

한 편이 재방영되고 있었고, BBC3에서는 멋진 노년의 제 피렐리(〈나사렛 예수〉, 〈성 프란체스코〉, 〈로미오와 줄리엣〉 등을 감독한 이탈리아의 영화 감독—옮긴이)가 등장했다. 그러나 우리의 주요 공영 방송 다섯 개에는, 그날 아침의 짧막한 프로그램 하나를 제외하면, 이 날이 단지 또 다른 여느 날과 다르다는 사실을 말해 줄 만한 것이 아무것도 없었다. 천국과 땅이 만나기를 고대하는 사람들이 있다면, 그들이 찾을 수 있는 가장 좋은 것은 다음 두 편의 영화, 즉 〈모든 개들은 천국에 간다(All Dogs Go to Heaven)〉와 채널 4의 〈달렉: 지구 침공(Daleks-Invasion Earth)〉일 것이다. 정말이지, 이것이 그 모든 상황을 말해 준다.

하지만 고난주간의 모든 것은 천국과 땅, 그리고 그 둘의 만남에 관한 것이다. 우리에게 가장 어려운 신학적 교훈 중 하나는, 고대 유대인들이 '천국(heaven)'이라고 말했을 때, 그들은 하늘 위 저 멀리에 있는 장소를 의미하지 않았다는 사실이다. 이 말은 그들에게 하나님의 현실 영역, 하나님이 살고 계시는 장소, 그리고 하나님의 미래 목적들이 보존되어 있는 장소를 의미했다. '천국'은 단순히 미래의 실재가 아니다. '땅'이 우리의 영역인 것처럼, 천국은 하나님의 영역이다. 그리고 하나님의 영역과 우리의 영역이 교차한다는 것이 핵심이다. 그 둘은 중첩되고, 맞물리고, 때로는 합쳐진다. 이것이 모든 성례전 신학(다른 기회에 다룰 또 다른 주제이지만)의 기초이다.

만일 당신이 1세기의 유대인들에게 천국과 땅이 어디에서 만나느냐고 물었다면, 그들은 단번에 '성전'이라고 대답했을 것이다. 시편을 읽어보라. "하나님이 그 성 중에 계시매, 성이 흔들리지 아니할 것이라."(시 46:5) 만일 당신이 그들에게 성전에 들어갈 수 없을 경우라면 어떻게 동일한 결과에 이를 수 있겠는지 묻는다면 그들은 '율법(Torah)'이라고 대답했을 것이다. 율법을 지키면, 성전 안에 있는 것과 같다.

그렇다면 종려주일에 예수님이 성전 파괴라는 극적인 상징을 말씀하셨다는 것은 어떤 의미인가? 그분이 성전 파괴와 재건에 대해 말씀하셨다는 것은 어떤 의미인가? 이 말은 의심할 것도 없이 사람들이 예수님을 심문할 때 예수님을 공격하느라 자기들 멋대로 따와서 반복한 말이다. 이것은 성전에 대해서뿐 아니라 천국과 땅이 만나는 것에 대해 어떤 의미가 있는가?

처음 보기에는, 우리가 읽은 그 두 대화들은 이러한 문제들과 거의 관련이 없는 것처럼 보인다. 첫 번째는 율법 중의 가장 큰 계명에 대한 질문인데, 하나님과 이웃 사랑에 대한 예수님의 반응이 나온다. 두 번째는 예수님 자신의 질문이다. "다윗이 그리스도를 '주'라 칭하였은즉, 어찌 그의 자손이 되겠느냐?" 그러나 더 자세히 살펴보면, 이 두 대화들은 하늘과 땅의 문제, 성전의 문제, 그리고 앞으로 나흘 동안 우리에게 닥칠 기이한 사건들에 대해 말해 줄 모든 것을 담고 있다.

이상하게도, 첫 번째 대화와 관련하여 분명하게 논지를 제시한 사람은 바로 마가이다. 예수님이 하나님 사랑과 이웃 사랑이 모든 율법을 집대성한 것이라고 대답하시자, 듣고 있던 서기관 하나가 말을 단다. "선생님이여 옳소이다. 그와 같이 하나님을 사랑하고 또 이웃을 자기 자신과 같이 사랑한다면, 전체로 드리는 모든 제물보다 낫기 때문입니다." 달리 말하면, 율법은 성전과 마찬가지로 천국과 땅이 교차하는 곳이다. 그러므로 만일 당신이 율법을 완전히 이룬다면, 당신은 성전이 필요 없을 것이다. 예수님은 바로 그렇다고 반응하신다. 그 서기관은 논점을 바로 이해한 것이다. "네가 하나님의 나라에서 멀지 않도다." 종려주일의 모든 것은 바로 이에 관한 것이다.

왜 그러한가? 하나님의 나라를 천국에서와 같이 땅 위에서도 이루어지게 하는 예수님의 사역의 장구한 목적에는 인간의 재인간화로 부를 수도 있는 것이 포함된다. 그 표지는 이스라엘에게 주어진 핵심적인 계명을 구성했던 하나님을 향한 사랑("이스라엘아 들으라. 우리 하나님 여호와는 오직 유일한 여호와이시니, 너는 네 하나님 여호와를 사랑하라.")과 서로에 대한 사랑인데, 이를 통하여 새로운 공동체가 탄생하게 된다. 그러나 우리는 악하고 이기적인 피조물인데, 어떻게 우리의 사랑하지 않는 본성의 상처가 치유될 수 있겠는가? 특별히 성전이 제거된 상황이라면, 우리의 죄들이 어떻게 다루어져야 우리가 하나님이 원하시는 존재가 될 수 있겠는가?

복음서 속 다른 이야기들을 찾아보면, 예수님은 굳은

마음에 대한 치유책을 갖고 계시다. 그것은 아예 성전을 우회하는 치유책이다. 그러나 그것을 이해하기 위해서, 우리는 두 번째 대화로 나아가야 한다.

이번에는 예수님이 주도권을 잡으신다. 질문자들을 물리치신 다음에, 예수님은 그들이 대답할 수 없는 질문 하나를 던지신다. 모든 사람은 메시아를 다윗의 자손으로 알고 있다. 현재 유대인들의 왕좌들을 차지한 헤롯 가문은 다윗과는 어떠한 관계도 없다는 것을 또한 모든 사람이 알고 있었기 때문에, 그것은 부담스런 사항이었다. 그러나 예수님은 그 점을 밀어붙이고 계시지는 않는다. 그분은 그들에게 성경을 살펴보고, 하나님의 능력을 숙고해 보고, 정확하게 메시아가 누구일지에 대해 더 깊이 조사해 보라고 촉구하고 계신다.

시편 110편은 이스라엘의 하나님이 오실 왕에게 말씀하실 것에 대해 선명한 용어로 말한다. 그러나 시편 기자 다윗은 '주께서 내 자손에게 이르시되'라고 말하지 않고, "주께서 내 주께 이르시되, '내가 네 원수를 네 발 아래에 둘 때까지, 내 우편에 앉아 있으라.' 하셨도다."라고 말한다. 도대체 뭐가 어찌 된 일인가? 메시아가 주의 우편에 앉을 것이란 말은 무슨 의미인가?

그 짧은 대답—그리고 그 대답에서 나타나는 종려주일과 성금요일과 부활절 당일 사이의 중대한 연관성—은 예수님이 이제 천국과 땅이 만나는 곳이란 사실을 말해 준다. 그분 자신의 도저히 헤아릴 수 없이 값진 소명, 그분이 '아빠, 아버지'라 부르신 분에 대한 그분 자신의 친밀한 앎, 성경에서 오직 이스라엘의 하나님만이 하실 수 있는 일, 곧 이스라엘과 세상을 악으로부터 구하는 일을 단독으로 하시도록 부름받았다는 그분 자신의 인식. 이 모든 것들이 시편 110편에 대한 그분 자신의 새로운 이해 속에서 서로 조우한다. 또한 그분은 그 모든 것들을 그분의 메시아적 소명의 중심에서 발견하신다. 스스로 메시아라 칭하는 다른 어떤 사람도 생각 못할 것 같은 요소—메시아는 다윗의 주이지, 단순히 다윗의 자손이 아니라는 사실—를 보시는 것이다.

이것이 예수님이 다윗의 자손임을 부인하는 것은 아니다. 복음서에서 일찍이 모든 것들을 다 말한 연후라, 마태는 거의 그런 주장을 하지 못했을 수도 있다. 예수님은 메시아가 되어야 하는 소명이 숨겨져 있음을 말씀하고 계신다. 즉 다윗의 주요, 온 세계의 주이신 높이 계신 왕의 우편에 앉아 계실 분이 되는 것이 그분의 소명이라는 사실이다. 시편 110편과 다니엘서 7장 13절("인자 같은 이가 하늘 구름을 타고 와서")을 결합하심으로써, 예수님은 그날 밤 신문 자리에서 가야바에게 자신의 최종 답변을 주셨다. 그것은 성전 파괴와 재건에 대한 질문과 예수님의 정체성에 대한 질문 모두에 대한 답변이자, 직접적으로 신성 모독죄와 사형 언도를 끌어낸 대답이었다. 실로 예수님은 메시아이시며, 성전 파괴에 대한 그분의 예언은 실제로 실현될 것이다. 그리고 그분은 혐의가 풀릴 것이며, 시편에서 말한 곳, 즉 살아 계신 하나님의 우편으로 높이 들리셔서 하나님 자신의 보좌를 공유하실 것이다. 성전이 아닌 바로 그분이 하늘과 땅이 만나는 곳이다.

이러한 주장은 사실 종려주일의 메시아 선언 이면에 내재하는 주장과 정확하게 상통한다. 그들이 예루살렘에 가까이 이르자, 예수님은 이야기를 하나 하셨는데, 멀리 떠나면서 자기 종들에게 수행할 과제들을 맡긴 다음, 그들이 한 일을 보려고 돌아오는 한 임금의 이야기였다. 그것은 멀리 떠나시면서 교회에 할 일을 맡기시는 예수님에 대한 이야기가 아니다. 그것은 이스라엘에게 수행할 과제를 맡기신 다음, 예언자들이 약속한 대로 마침내 돌아오시는 하나님에 대한 이야기이다. 예수님이 마지막으로 예루살렘으로 오셨을 때, 그분은 야훼가 시온으로 귀환하시는 것을 구체적으로 실현해야 하는 소명에 대해 의식하셨다. 성경과 하나님의 능력을 아시고서, 예수님은 메시아에 대해 정확하게 하나님의 보좌를 공유할 분으로 말하는 본문들을 깊이 받아들이시고, 그 본문들을 고통당하고 결백을 입증받는 메시아에 대해 말하는 본문들과 결합하셨다. 메시아는 다윗의 주이시지, 단순히 다윗의 자손이 아니시다. 그러므로 예수님은 그것을 주장하심으로 인해 정죄받으셨는데, 사실은 그분이 그 주장을 자기 백성의 궁극적 고통을 몸소 짊어져야 하는 자신의 소명으로 해석하셨다는 점은 아이러니이다.

그러므로 다윗의 주와 다윗의 자손에 대한 말씀을 대

하는 우리는 대계명에 대한 문제로 되돌아가지 않을 수 없다. 예수님은 산상수훈에서 율법이 다 이루어지기 전까지는 율법의 일점일획도 없어지지 않을 것이라고 말씀하셨다. 그리고 그분이 율법 중에서 가장 큰 계명을 분명히 말씀하신 대로, 그분은 율법의 궁극적 완성을 위한 길을 가고 계신다. 우리의 마음을 다하여 하나님을 사랑해야 한다는 수직적인 계명은 우리 이웃을 우리 몸과 같이 사랑해야 한다는 수평적인 계명과 함께 결합된다. 그리고 예수님은 수직성과 수평성을 세상이 아직까지 보지 못했던 승리를 거둔 사랑(triumphant love)이라는 가장 큰 상징 속에서 결합하셨다. 그것은 매우 명백한 것이지만 도저히 그 깊이를 잴 수 없는 상징으로서, 그때까지만 해도 가이사의 승리와 그의 동전, 그리고 그의 제국의 상징이었기 때문에 더욱더 그렇다. 십자가는 사랑의 복종으로 인해 위에 계신 하나님에게까지 뻗어 나가고, 사랑의 섬김으로 인해 세상으로 뻗어 나간다. 이것이 가능한 것은 십자가에 매달리신 분이 단지 다윗의 자손일 뿐 아니라 다윗의 주이시기 때문이다. 그러므로 진정으로 뻗어 나가는 사랑은 하나님으로부터 우리에게 이르는 하향성의 사랑이다.

그러므로 예수 그리스도의 십자가는 마침내 하늘과 땅이 만나서 화해하는 궁극적인 장소이다. 성전은 이제 폐기되었는데, 이는 성전이 가리키는 실재—하늘과 땅의 만남, 그리고 땅에게 주는 하늘의 선물과 하늘을 향한 땅의 예배인 제사—가 이제 피와 살을 입었기 때문이다. 부활절이 다가오는 이 시점에서, 이것이 바로 부활절이 새로운 창조의 진정한 시작인 이유이다. 여기서 새로운 창조는 다윗의 자손이자 다윗의 주이신 그 사람 안에서 영원히 구현된 새 하늘과 새 땅을 말한다.

그리고 이것은 사랑이 가장 큰 계명인 이유이다. 왜냐하면 사랑은 궁극적 실재에 부합하는 앎의 양식이기 때문이다. 18세기 이후 서구 문화가 하늘과 땅을 분리하고 그 둘 사이에 커다란 간극을 상정했을 때, 그것은 우리 사회의 중심에 심하게 비유대적이고 비기독교적인 세계관이 자리 잡도록 만들었을 뿐 아니라, 그와 부합하는 앎의 양식들, 즉 '사실'에 대한 '객관적' 앎과 '감정'이나 '경험'에 대한 '주관적' 앎 사이의 근본적인 간극을 고안해 냈다.

그 이후로 우리의 문화는 줄곧 그 둘 사이에서 갈팡질팡해 왔다. 그러나 사랑의 핵심은, 사랑이 진리와 '타자(the Other)'의 타자성을 확인해 주는 동시에 그것을 기뻐하고, 객관과 주관을 포용하고, 그 둘을 초월하는 하나의 '앎'을 만들어낸다는 것이다.

그렇다면 사랑이 단지 자의적인 윤리적 의무들을 모아 놓은 목록 중 최상위에 놓이게 된 것이라고 할 수는 없다. 사랑은 우주의 내적 존재를 여는 열쇠이다. 사랑은 율법의 중심이다. 이는 율법 자체가 성전 자체와 마찬가지로 하늘과 땅이 만나는 곳이었기 때문이다. 그 둘이 이제는 그 절정에서 그리고 영원토록 예수님과 그분의 십자가 안에서 만나는 것처럼 말이다. 비트겐슈타인의 말마따나, 부활을 믿는 것은 사랑이다. 그리고 우리는 이에 덧붙여 십자가의 발 아래에서 믿음으로 변치 않고 서 있는 것은 사랑이라고 말할 수 있을 것이다. 우리가 고난주간의 모든 이야기들과 상징들이 한데 모이는 다락방으로 나아가고, 거기서부터 갈보리와 성 토요일로 나아가면서 새로운 창조가 탄생하기를 침묵 속에서 기다릴 때, 온전히 이루

어진 율법이자 다윗의 자손이요 다윗의 주로 알려진 분의

사랑이 어둠 속에서조차 우리를 떠받쳐준다.

5

낮아짐과 높아짐

세족 목요일 아침

이에 예수께서 무리와 제자들에게 말씀하여 이르시되,

"서기관들과 바리새인들이 모세의 자리에 앉았으니, 그러므로 무엇이든지 그들이 말하는 바는 행하고 지키되 그들이 하는 행위는 본받지 말라. 그들은 말만 하고 행하지 아니하며, 또 무거운 짐을 묶어 사람의 어깨에 지우되, 자기는 이것을 한 손가락으로도 움직이려 하지 아니하며, 그들의 모든 행위를 사람에게 보이고자 하나니, 곧 그 경문 띠를 넓게 하며 옷술을 길게 하고, 잔치의 윗자리와 회당의 높은 자리와 시장에서 문안받는 것과 사람에게 랍비라 칭함을 받는 것을 좋아하느니라.

†

그러나 너희는 랍비라 칭함을 받지 말라. 너희 선생은 하나요, 너희는 다 형제니라. 땅에 있는 자를 아버지라 하지 말라. 너희의 아버지는 한 분이시니 곧 하늘에 계신 이시니라. 또한 지도자라 칭함을 받지 말라. 너희의 지도자는 한 분이시니 곧 그리스도시니라.

너희 중에 큰 자는 너희를 섬기는 자가 되어야 하리라. 누구든지 자기를 높이는 자는 낮아지고 누구든지 자기를 낮추는 자는 높아지리라." (마태복음 23:1~12)

"너희의 지도자는 한 분이시니 곧 그리스도시니라. 너희 중에 큰 자는 너희를 섬기는 자가 되어야 하리라." 이 말씀을 통해 우리의 복음서 읽기는 석 장(章) 앞에서 예수님이 야고보와 요한을 책망하시는 중요한 본문과 연결된다. 많은 사람들이 종교와 정치가 서로 편하게 동석할 수 있는지 묻고 있는 세계 속에서, 복음서 이야기가 불가분하게 신학적일 뿐 아니라 정치적이라는 사실과, 그 도전이 특히 고난주간에 그리고 더욱 각별히 세족 목요일에 우리에게 편치 않게 다가온다는 사실을 우리가 처음으로 발견한 것은 아니다.

그 나라에서 예수님의 좌우편에 앉기 원하는 마음으로 길을 걷고 있는 야고보와 요한에 대해 다시 생각해 보면서, 그들에 대한 예수님의 책망을 기억해 보자. "이방인의 집권자들이 그들을 임의로 주관하지만 너희 중에는 그렇지 않아야 하나니, 너희 중에 누구든지 크고자 하는 자는 너희를 섬기는 자가 되어야 하리라. 인자가 섬김을 받으려 함이 아니라 도리어 섬기려 하고, 자기 목숨을 많은 사람의 대속물로 주려고 왔기 때문이다." 거꾸로 뒤집힌 이러한 놀라운 주장은 우리가 신학적 의미라 부르는 것은 물론 정치적 의미라 부르는 것으로 가득 차 있고 고난주간의 모든 이야기의 표제이자 성금요일 자체의 주요 주제 역할을 한다. 또한 이것은 하나님과 서로에게 한 약속들을 갱신하기 위해 세족 목요일에 함께 만난 성직자들에게는 엄중하고도 괴로운 문제이다. 우리는 거꾸로 사는 공동체 혹은 바른 길을 세우는 공동체의 일원이 되도록 부름받는다. 그것은 곧 앞으로 사흘 동안 기념하고 축하할 대사건들 속에서 등장하는 세상을 바로잡는 고통스럽고 희생적인 삶이다.

그러므로 오늘의 복음서 본문에서 예수님이 당대의 유대인 정통주의 안에서 시장을 독점해 왔던 압력 집단들을 부각시키실 때, 우리는 그분이 말씀하시는 것에 착념할 필요가 있다. 서기관들과 바리새인들은 1세기 유대교에서 우리 시대에 미디어 조작이 하는 것과 대개 같은 역할을 한다. 그들은 자기들이 좋아하는 것이면 어떤 것에 대해서도 높은 도덕적 선을 그어놓고 그것을 계속 지키지 못하는 사람들을 공공연히 비난하고, (달리 말하면) 감당하기 어려운 무거운 짐을 묶어 다른 사람들의 어깨에 올려놓고, 자신들은 그것들을 옮기는 데 손가락 하나 까딱하지 않는다. 물론 모든 저널리스트들이 그렇다는 것은 아니다. 그러나 오늘날의 미디어는 많은 사람들에게, 다른 사람들에게 즐겨 들이대는 것과 같은 면밀한 검사에 그들 자신의 삶을 비추어보지 않으리라는 것을 알고 안전하게 멀찌감치 떨어져서 거드름 피울 기회를 제공한다.

그러나 우리가 미디어 자체에 대해서 안일하게 권위를 주장하면서 동일한 게임을 한다면, 그것은 물론 오늘날에는 특별히 잘못일 것이다. 마찬가지로, 지난 세기의 그 많은 학자들을 좇는 것은 잘못일 것이다. 그들은 마태복음 23장의 가혹한 말씀으로부터 기겁하여 물러나서는, 그 말씀이 예수님 이후 한 세기 후에 마태 자신이 써 넣은 것이라고 열심히 주장해 왔다. 이 본문은 산상 설교는 물론 (내가 말했던 것처럼) 일찍이 야고보와 요한에게 하신 예수님의 책망과 너무나도 부합하는데, 우리는 그것이 아주 쉽게 사라져버리길 바란다. 이 본문은 세상뿐 아니라 교회에도, 특히 공공의 눈으로 보면 교회와 교회의 메시지를 대표하는 우리 자신에게도 지독하게도 불편한 도전을 던진다.

이 본문이 주는 첫 번째 메시지는 성실(integrity)이라는 메시지이다. 예수님은 바리새인들은 자기들이 가르치는 것을 실천하지 않지만, 너희들은 실천해야 한다고 말씀하신다. 우리는 온갖 말과 공적인 선언과 넘쳐나는 출판물과 질주하는 미디어의 세계에 살고 있기 때문에, 설교단이나 상담실에서, 교구 잡지나 지역 신문에 실린 기사 속에서 무슨 말을 하는지 알고 있으므로, 어떤 면에서는 저절로 우리가 그것들을 잘 실천하고 있다고 생각하기가 너무도 쉽다. 비록 우리의 전통에서는 성구함이나 술 장식(상의 아래 매달린 술로서, 정통 유대인들이 실제로 얼마나 경건한지를 보여준다)에 대해 주의하지 않지만, 감히 말하건대 우리에게도 그것들에 상당하는 우리 나름의 것들이 있다.

그리고 안타깝게도, 단순히 동시대 문화의 또 다른 부분을 따르고 예복과 절차들을 모두 없애 버림으로써 우리가 그 문제를 해결했다고 생각할 수는 없다. 회당에서 가장 좋은 자리를 좋아하는 사람들에 대한 예수님의 경고를 읽고서, 나는 즉각적으로 성단소(聖壇所) 좌우에 있는 다소 소박한 성직자석을 떠올리지는 않는다. 오늘날 두세 사람이 무대로 나와 마치 록 그룹처럼 회중들을 바라보며 기분 내키는 대로 자신의 모든 생각과 기도를 그대로 구술하는 그런 종류의 예배를 떠올리지도 않는다. 물론 모든 전통에는 서로 상응하는 유사한 것들이 있지만, 우리가 외적인 절차들을 바꿈으로써 문제를 해결하지는 않았다는 것이 나의 요점이다. 실제로 나는 예배를 인도할 때 소박한 편을 선호하는데, 소박한 예배 자체가 매우 신속하게 나 자신이 속한 전통의 우월성에 대해 하나님께 감사하는 것으로 변한다. "오, 주여! 내가 감사하오니, 나는 다른 예배 인도자들처럼 거만하지 않습니다." 자신의 겸손에 대한 교만은 사탄의 마지막 은신처들 중 하나다. 그리고 그것은 사회적, 문화적, 혹은 심리적 이유로 인해 너무도 자연스럽게 전도된 속물근성의 경향이 있는 사람들에게로 찾아오는데, 이는 단지 또 다른 형태의 교만일 뿐이다.

핵심은 여전히 성실이다. 세상은 성실 없는 이 시대에 성실을 모욕하는 데 재빠르다. 실제로 같은 신문들이 공적 생활에서 종교의 자리는 아예 없어야 한다고 큰소리로 외쳐대며, 언제든 할 수만 있다면 다음과 같은 식으로 말함으로써 교회의 타락을 노출시키는 것을 즐기고 있다. "거 봐! 그러게 뭐랬어! 그들은 실제로 모조리 위선자들이지." 포스트모던한 세상에서 그것은 아마도 하나님과 세상 앞에서 서명하고 약속하는, 즉 그리스도의 신비를 맡은 충성스런 종이 되겠노라고 약속하는 우리에게 가장 큰 도전일 것이다. 일부 성직자들이 그러는 것처럼, 당신이 한 교구에 10년, 20년, 심지어 30년 동안 머문다고 가정해 보라. 실제로 서너 해는 지나야 사람들이 당신의 됨됨이를 파악할 것이다. 그러나 당신이 직면하게 될 도전은, 당신이 말할 때 당신의 전 생애에 걸쳐 그것이 진실이리란 점을 확신하며 말하고 있음을 사람들이 알 것이라고 생각하고, 바로 첫날부터 진실되게 살아야 한다는 것이다. 이것이 바로 우리가 모든 면에서 가장 높은 기준을 기대하고, 실제로 그것을 공적인 사역에서 서로에게 요구하는 이유이다. 우리를 주시하는 세상 앞에서 하루는 하나님의 게임을 하고 또 하루는 세상 게임을 하는 사람들을 위한 자리는 하나님의 교회 사역 안에 아예 없다. 점점 더 세속화되어가는 온 세계에 대해, 우리는 우리의 가르침은 물론 우리의 삶을 통하여 예수님이 야고보와 요한에게 말씀하셨던 것—이방 세계는 매사를 한 길로 처리하지만, 너희들은 다른 길로 처리해야 한다—을 말해야 한다.

성실 다음은 겸손(humility)이다. "누구든지 자기를 높이는 자는 낮아지고, 누구든지 자기를 낮추는 자는 높아지리라." 우리는 이 말씀에 대한 일차적인 적용을 분명 너무도 쉽게 욕되게 할 수 있다. 교회에서 극적인 의상을 입고 앞에 서서 할 말이 많은 우리 같은 사람들은 이런 것들 때문에 우리가 중요한 인물이라고 쉽게 생각할 수 있다. 다행스럽게도 우리 주님은 우리를 겸손하게 하시기 위해서 긍휼 가운데 육체에 충분한 수의 가시들을 보내 주시곤 한다. 그러나 이러한 사실 자체는 우리가 지속적으로 겸손할 필요가 있고, 우리가 이 몸 안에 있는 한 가시가 필요할 것임을 말해 준다. 우리는 아마도 정기적으로

—세족 목요일이 봄철 대청소에 적합한 날이 아니라면 과연 언제이겠는가?—기도 가운데 마태복음 23장을 주의 깊게 읽고, 우리가 현재 취하는 관행들과 방식들에 대해 깊이 생각해야 할 것이다. 예수님은 우리가 랍비나 선생이나 아버지나 지도자라 칭함을 받지 않아야 한다고 말씀하신다. 그런데 돈에 대한 예수님의 말씀을 회피하는 방식을 개발해 왔던 것처럼, 우리는 이 말씀의 절반은 피해 가는 방법을 개발해 왔다. 물론 아주 처음부터 교회에는 사도들, 예언자들, 목사들, 전도자들, 교사들, 기타 등등과 같은 여러 가지 직무들이 있었다. 그리스도의 몸 안에 있는 여러 가지 은사들을 당시 교회가 인식했음을 알려주는 특별한 방법이 있음에 틀림없다. 그러나 그러한 은사들은 틀림없이 그리스도—그 자신을 낮추어 죽음, 곧 십자가의 죽음에까지 복종하셨던 메시아—의 몸 안에 있다.

여기서 우리에게 일부 어려운 점이 있다면, 그것은 바로 몇 해 전에 '섬김의 사역(servant ministry)'과 '섬김의 리더십(servant leadership)'이 아주 대유행이었다는 사실이다. 우리는 우리의 얼굴이 침울해질 때까지 '종 되신 왕

(The Servant King)'을 노래했다. 그러나 이제 조심하지 않는다면, 우리는 자기 성찰을 통해 죽음의 위험에 처한 어떤 사람만이 쓸 수 있었을 뿐인 그 터무니없는 노래—이 노래는 하나님이 아닌 서로를 향해 부르는 것이기 때문에 거의 찬송이라고 할 수 없다—를 부르는 자신을 발견하게 된다. "내가 당신 역시 나의 종으로 삼을 수 있는 은혜를 받도록 기도해 주세요." 집요한 자기 성찰을 통하여 어떤 사람이 누군가를 자신의 종으로 삼을 수 있는 은혜가 정말로 자신에게 있는지 발견할 수 있다면, 두렵건대 그러한 자기 성찰은 예수 그리스도의 복음이 우리를 해방해야 할 일종의 자기 몰입이다. 진정한 겸손은 일어나서, 복잡한 자기 몰입으로부터 벗어나고 우리에게 주어진 일을 즐거이 감당해 나가는 것이다.

성실과 겸손은 우리가 우리 자신에 대해 만족을 느끼기 위해 필요한 자질이 분명 아니라는 것이 바로 성실과 겸손의 핵심이기 때문이다. 성실과 겸손의 핵심은 우리를 지켜보는 세상에 이것들이야말로 가이사가 아닌 예수님이 주님이시라는 것을 말해 주는 표지라는 것이다. 국내적으로나 국제적으로나 우리 삶 속에서 바로 지금보다도 더 그것을 소리 높여 외칠 필요가 있었던 적은 거의 없었다. 서구 세계의 교회들은, 비록 언제나 우리가 기대했던 방식으로는 아닐지 모르지만 공적 논쟁에서 목소리를 내기 시작하고 있다.

물론 신문들은 오직 근본주의자들만이 종교를 정치 속으로 끌어들이려 할 것이라고 소리치는데, 이는 자신들의 멋진 세속적 세계관을 방해하지 말아달라는 말이다. 그러나 야고보와 요한을 향한 예수님의 경고가 마태복음 23장에서 다시 메아리치는 경고이자 고난주간 내내 유효한 경고로서 우리를 십자가의 발 아래로 인도한다. 그 경고의 모든 요점은 바로 이방 집권자들은 다 한 길로 행하지만, 너희들은 다른 길로 행해야 한다는 것이다. 이사야서 40~55장을 읽어보면, 그 속에서 '고난받는 종'의 모습이 발전되는 방식이 이방 제국에 대한 정치적 비판의 발전과 큰 틀에서 상통하는 것에 주목할 수 있다. "열방 중에서 피난한 자들아 너희는 모여 오라. 함께 가까이 나아오라. 나무 우상을 가지고 다니며, 구원하지 못하는 신에게 기도하는 자들은 무지한 자들이니라. 땅의 모든 끝이여, 내게로 돌이켜 구원을 받으라. 나는 하나님이라, 다른 이가 없느니라. 내게 (그리고 오직 나에게만) 모든 무릎이 꿇겠고, 모든 혀가 맹세하리라." 그리고 바울은 빌립보서에서 모든 무릎이 꿇리고 모든 혀가 맹세할 분은 오직 한 분 예수님이시라고 선언한다.

그것은 이방 세계에 대한 하나의 도전으로서, 세상에 대해 책임을 물으시는 한 분 하나님이 계시고, 이 하나님이 '그 종' 곧 십자가의 죽음에 이르기까지 복종하신 예수님 안에서 완전하고 최종적으로 계시되셨다는 거역할 수 없는 소식이다. 교회 안에서 공적 직무를 맡고 있는 우리들이 항상 우리의 생각과 행동의 양식과 습관들을 시험해 보아야 하는 이유는, 우리가 짐짓 멋진 사람들이고 당신보다 더 겸손하다고(humbler-than-thou) 느끼기 위해서가 아니다. 그것은 우리가 세상에 '섬김의 왕' 앞에서 책임을 지도록 요청하고, 세상으로 하여금 한 분 하나님이 계시고 그분의 능력은 약함 속에서 완전하게 이루어진다는 사실을 깨닫게 하고, 이 시대의 집권자들에게 하늘은

물론 땅의 진정한 주님은 우리가 따르고 섬기는 예수님이
란 사실을 말해야 하는 긴급한 과제를 부여받았기 때문
이다. 그리고 그러한 과제를 수행할 때 우리의 일차적인
무기는, 믿음, 소망, 사랑, 하나님의 말씀, 그리고 예수님이
서기관들과 바리새인들에게는 없다고 고발하셨던 성실과
겸손이다.

그러므로 우리가 이 자리에 나아온 것은, 단순히 서원
을 갱신하기 위해서도 아니고, 단순히 여러 용도로 쓰일
성유를 축성하기 위해서도 아니다. 그것들이 비록 중요하
다 할지라도, 우리가 나아온 것은 우리에게 매우 익숙하
지만 언제나 낯선 어떤 것을 위해서다. 그것은 이 음식이
언제나 우리 주님 자신의 완전한 성실과 겸손을 새롭게
묵상하도록 우리에게 요청하기 때문이다. 빵을 떼어 먹
고 포도주를 마시면서, 이 같은 단순한 선물이 분명히 그
러한 주님의 성실과 겸손이 구체화된 것이라고 생각해 보
라. 빵을 씹고 포도주 잔을 비우면서, 그것들로 말미암아
당신이 형성되고 변화되게 하라. 그러한 성실과 겸손을 품
고 나가서 이번 성금요일과 부활절에 십자가에 달리시고

부활하신 그리스도를 선포하라. 그리고 여전히 구원을 줄 수 없는 신들에게 기도하고 있는 이 세상의 권세들 앞에서 권능과 담대함으로 그렇게 하라.

6

배신과 영광

세족 목요일 저녁

예수께서 이 말씀을 하시고 심령이 괴로워 증언하여 이르시되,

"내가 진실로 진실로 너희에게 이르노니, 너희 중 하나가 나를 팔리라." 하시니, 제자들이 서로 보며 누구에게 대하여 말씀하시는지 의심하더라. 예수의 제자 중 하나 곧 그가 사랑하시는 자가 예수의 품에 의지하여 누웠는지라. 시몬 베드로가 머릿짓을 하여 말하되 "말씀하신 자가 누구인지 말하라." 하니, 그가 예수의 가슴에 그대로 의지하여 말하되, "주여 누구니이까?"

예수께서 대답하시되, "내가 떡 한 조각을 적셔다 주는 자가 그니라." 하시고, 곧 한 조각을 적셔서 가룟 시몬의 아들 유다에게 주시니, 조각을 받은 후 곧 사탄이 그 속에 들어간지라.

이에 예수께서 유다에게 이르시되, "네가 하는 일을 속히 하라." 하시니, 이 말씀을 무슨 뜻으로 하셨는지 그 앉은 자 중에 아는 자가 없고, 어떤 이들은 유다가 돈궤를 맡았으므로 명절에 우리가 쓸 물건을 사라 하시는지 혹은 가난한 자들에게 무엇을 주라 하시는 줄로 생각하더라.

유다가 그 조각을 받고 곧 나가니 밤이러라.

그가 나간 후에 예수께서 이르시되, "지금 인자가 영광을 받았고 하나님도 인자로 말미암아 영광을 받으셨도다. 만일 하나님이 그로 말미암아 영광을 받으셨으면, 하나님도 자기로 말미암아 그에게 영광을 주시리니 곧 주시리라." (요한복음 13:21~32)

예수님은 식탁에서 "내 떡을 먹는 자가 내게 발꿈치를 들었다."라는 말씀을 인용하셨다. 낮춤과 높임에 대한 예수님 자신의 말씀을 완성하심으로써 성경과 하나님의 능력이 만나는 이야기에서 이 말씀은 핵심이 되는 부분이다. 왜냐하면 다른 그 무엇보다도, 예수님의 가장 가까운 동료들 중 한 사람의 배신은 하나님의 능력은 약한 데서 완전히 이루어진다는 이상한 진리를 가리키기 때문이다.

지난 장에서 우리는 사랑이 새로운 피조물에 적합한 앎의 양식이란 사실에 대해 숙고했다. 이것은 바로 여기 요한복음 13장에서 극적으로 강조된다. 여기에서는 예수님이 제자들을 사랑하신 것처럼 제자들도 서로 사랑해야 한다는 새 계명, 즉 새 '만다툼(mandatum)'으로부터 '세족 목요일(Maundy Thursday)'이란 이름이 나온다. 그것은 그들이 참으로 그분의 제자들이라는 표지가 될 것이다. 오로지 그분에 대한 충성을 공유할 때만 그토록 서로 다른 사람들로 이루어진 집단이 함께할 수 있다.

그러나 이러한 사랑의 전경(前景)이 안고 있는 자연스런 결과는, 이러한 지식은 언제나 심하게 손상을 입을 수 있다는 사실이다. 사랑은 이용당할 수 있다. 사랑은 배신당할 수 있다. 만일 그럴 수 없다면 그것은 사랑이 아니다. 그것은 사랑의 가치이자 고귀함이다. 그러므로 우리는 예수님의 제자들 중 하나가 압력에 못 이겨 굴복하는 것을 보고 놀라서는 안 된다.

우리가 그를 헬라어 호칭인 유다(Judas)란 이름으로 부르는 것은 이상한(내가 이것을 지나가면서 언급하긴 하지만, 그럴 만한 적절한 이유가 있다) 일이다. 그 이름은 물론 예수님 자신의 조상인 족장 유다(Judah)의 이름과 동일하고, 또 그 점에 관해서는 유다서의 저자일 예수님의 형제 중 하나와도 같은 이름이니 말이다. 이 이름은 헬라어로는 Judas(유다), 히브리어로는 Judah(유다)이며, 잘 눈에 띄지는 않지만 영어로는 분명 Jude(주드)이다. 유다, 즉 완전한 히브리어 표기로 하면 yehudah(예후다)는 '찬양'(praise)을 의미한다. 그리고 예수님 당시의 영웅적 유대인의 전설 속에서 그것은 물론 혁명가의 이름으로서, 200년 전에 태어난 유다 마카비우스(Judah the Maccabee)와 20년 전에 태어난 갈릴리의 유다(Judah the Galilean)가 있다. 아마도…… 하지만 아마도 우리는 추측해서는 안 될 것이다. 나는 예수님을 배신한 유다가 아마도 다음과 같이 생각했을 것이라고 말하고 있는 것이다. 만일 그들이 예수님을 죽인다면, 그들은 하나님 나라 운동을 이끌 또 다른 누군가, 아마도 고귀하면서도 혁명가적인 이름을 가진 누군가를 필요로 할 것이라고 말이다.

그러나 중요한 점은, 비록 '유다'란 이름이 우리에게 아픈 가시처럼 돌출되지만(부활절 직후에 사람들이 그 이야기를 하고, 열두 제자의 목록을 열거하면서 유다를 목록 마지막으로 끌어내렸을 때 이미 그랬다), 만일 우리가 그를 '유다'라 부른다면 그는 아직은 고귀하고 영웅적인 이름을 가진 또 다른 한 사람일 뿐이라는 사실이다. 1세기 유대교에서 그 이름은 사내의 이름으로는 약간 부족하다. 요세푸스의 색인에서 'J' 항목만 보면, 예수(Jesus) 21명, 요셉(Joseph) 18명, 요한(John) 11명, 요나단(Jonathan) 15명, 유다(Judas) 15명이 등장한다. 유다는 튀는 이름이 아니었다는 말이다. 그는 그저 팀원 중 하나였다. 예수님이 "너희 중 하나가 나를 팔리라." 하고 말씀하셨을 때, 그들이 모두 서로 둘러보았던 것은 뭔가 알고서 자기 의를 드러내는 표정으로 "아, 유다겠지요."라고 말하려 함이 아니었다. 그들은 모두 "주여, 접니까?"라고 말했다.

그러므로 만찬 이야기, 그리고 특히 세족 이야기는 분명 사랑이 상처 입을 수 있음을 보여주는 하나의 표지이다. 그것은 종려주일부터 지금 이 순간까지 이어지는 이야기를 줄곧 따라오면서, 우리가 하나님의 성육신의 사랑으로 점점 더 인식하게 된 바로 그 사랑이다. 그 만찬 석상의 모든 것들은, 예수님의 죽음에 대한 설명과 해석을 연동해 주는 틀을 제공하면서 갈보리를 지향한다. 그 모든 것들은 예수님의 죽음을 순화하거나 하나의 공식 속에 담아내기보다는, 여러 곳에 서서 모두 다 그 섬광에 눈을 가리긴 하지만 전에 얼핏 보았던 그 눈부신 사건(변화산의 사건—옮긴이)을 향하고 있는 사람들의 태도에 비추어 갈보리를 지향한다. 그것은 고난주간의 모든 이야기 중에서 가장 중요한 특징 중 하나다. 자기 제자들에게 그분이 하시려고 했던 것에 대해 최대한 정확하게 이해시키고 싶으셨을 때, 예수님은 그들에게 이론이 아니라 행동을 보여

주셨다. 그것은 하나의 음식, 곧 유월절 음식으로서, 그 자체가 세족식을 통해 해석이 부가되는 음식이다.

첫째, 그것은 음식이다. 그것은 우정의 순간이자 가족으로 모이는 순간이고, 식탁에서의 사랑이며, 갈릴리에서 하나님의 나라를 경축하는 그 모든 음식들과 잔치들의 절정이다. 처형 전날 밤에 이 얼마나 이상한 일인가! 그러나 예수님의 죽음이 악의 권세를 단번에 쳐부수고, 새로운 방식으로 하나님의 나라를 세우실 것이니 그 얼마나 합당한 일인가! 새로운 방식이란 당신이 훌륭한 음식으로부터 유익을 얻듯이 모든 사람들이 유익을 얻을 수 있는 방식이다. 위대한 사랑의 행위인 예수님의 죽음은 마침내 모든 사람이 초대되는 메시아의 잔치를 배설할 것이다.

둘째, 그것은 유월절 음식이다. 그것은 해방의 순간으로서, 어린 양과 무교병의 시간, 애굽에 대한 심판의 순간이며 홍해를 건너는 순간이다. 우리의 현대적인 부활절 축하 방식에서 가장 위대한 것들 중 하나는, 우리가 아직도 유월절의 이미지를 간직하고 있다는 사실이다. 그 이미지는 예수님이 친히 자신의 죽음과 부활에 대한 모든 것을 우리가 이해할 수 있도록 돕기 위해 해석의 기반 (interpretative matrix)으로서 선택하신 것이었다. 여기에 서 성경과 하나님의 능력은 다음과 같다. 예수 그리스도 의 십자가 사건은 단순한 깨달음이 아니라 엄청난 깨달음 을 준다. 고대 이야기들은 움직이던 세상이 멎고, 그들의 주가 그들 사이에 달리실 때 하늘과 땅이 가까워지는 그 순간, 하나님의 강력한 권능으로 죄와 고통의 홍해가 패 배하고 그리하여 하나님의 모든 백성들이 홍해를 건널 수 있게 된 그날의 세상을 구현해 낸다.

셋째, 그것은 세족식을 통하여 해석이 부가되는 음식이 다. 경우에 따라서는 예수님이 하신 일이 일반적인 적실성 을 가질지언정 그들에게 개인적으로는 구체적인 관련이 없을 것이라고 생각하는 사람들도 있을 것이다. 그러나 예 수님은 각 사람에게 차례로 오시고, 종으로 오시고, 물과 수건을 갖고 오셔서 그들의 발을 씻기신다. 그것은 친밀하 고 고귀하고 사적인 순간이다. 그리고 그것은 지금까지 있 었던 그 무엇보다도 더 분명하게 말한다. "내가 너희에게 이 일을 행한다." 그렇다. 바로 너, 그저 옆에 앉아 있는 사람만을 위한 것이 아니다. 그리고 만일 내가 너를 씻어준 다면, 나는 너의 모든 부분을, 슬픈 부분과 고독한 부분과 지저분하고 혼란한 부분과 네가 전심으로 치유되기 바라는 부분들을 깨끗이 씻고 헹구고 새롭게 해 줄 수 있다. 그것들은 치유될 수 있다. 내 떡을 먹고 내 포도주를 마시면, 내가 너를 씻어줄 것이다. 그것이 바로 나의 임박한 죽음이 의미하는 모든 것이다.

그리고 물론 예수님이 발을 씻어준 사람들 중에는 유다도 있었다. 이것이 바로 사랑이 상처 입을 수 있다는 것, 즉 사랑이 배신에 대해 열려 있다는 것이다. 그러나 그러한 개방성과 위험성에는 당신이 다른 방식으로는 얻을 수 없는 무엇인가가 있다. 유다가 어둠 속으로 나가자, 예수님은 두 가지, 오직 두 가지만 말씀하신다. 영광과 사랑! "지금 인자가 영광을 받았고 하나님도 인자로 말미암아 영광을 받으셨도다. 새 계명을 너희에게 주노니, 서로 사랑하라. 내가 너희를 사랑한 것 같이 너희도 서로 사랑하라." 고대의 세족례에 참여하면서 그 의미를 숙고해 볼 때, 우리는 영광과 사랑, 이 둘은 둘이 아니라 하나임을 깨달게 된다. 하늘과 땅처럼, 영광과 사랑은 그 종(Servant) 안에서 영원히 하나가 된다. 그 종은 인자이시고, 상처 입으신 분이시고, 배신당하셨지만 승리하신 예수님으로서, 하나님의 상처 입을 수 있는 권능으로 살아 계시고, 떡을 뗄 때 우리에게 알려지시고, 성경을 다 이루신 분이다.

7

이 사람을 보라!
너의 주를 보라!

성(聖)금요일

　이에 빌라도가 예수를 데려다가 채찍질하더라. 군병들이 가시나무로 관을 엮어 그의 머리에 씌우고 자색 옷을 입히고 앞에 가서 이르되, "유대인의 왕이여, 평안할지어다." 하며 손으로 때리더라.

　빌라도가 다시 밖에 나가 말하되, "보라, 이 사람을 데리고 너희에게 나오나니 이는 내가 그에게서 아무 죄도 찾지 못한 것을 너희로 알게 하려 함이로라." 하더라.

　이에 예수께서 가시관을 쓰고 자색 옷을 입고 나오시니,

　빌라도가 그들에게 말하되, "보라, 이 사람이로다." 하매, 대제사장들과 아랫사람들이 예수를 보고 소리 질러 이르되,

　"십자가에 못 박으소서, 십자가에 못 박으소서!" 하는지라.

　빌라도가 이르되, "너희가 친히 데려다가 십자가에 못 박으라. 나는 그에게서 죄를 찾지 못하였노라."

　유대인들이 대답하되, "우리에게 법이 있으니 그 법대로 하면 그가 당연히 죽을 것은 그가 자기를 하나님의 아들이라 함이니이다."

　빌라도가 이 말을 듣고 더욱 두려워하여, 다시 관정에 들어가서 예수께 말하되, "너는 어디로부터냐" 하되, 예수께서 대답하여주지 아니하시는지라.

빌라도가 이르되, "내게 말하지 아니하느냐? 내가 너를 놓을 권한도 있고 십자가에 못 박을 권한도 있는 줄 알지 못하느냐?"

예수께서 대답하시되, "위에서 주지 아니하셨더라면 나를 해할 권한이 없었으리니 그러므로 나를 네게 넘겨준 자의 죄는 더 크다 하시니라."

이러하므로 빌라도가 예수를 놓으려고 힘썼으나, 유대인들이 소리 질러 이르되, "이 사람을 놓으면 가이사의 충신이 아니니이다. 무릇 자기를 왕이라 하는 자는 가이사를 반역하는 것이니이다."

빌라도가 이 말을 듣고 예수를 끌고 나가서 돌을 깐 뜰(히브리 말로 가바다)에 있는 재판석에 앉아 있더라. 이 날은 유월절의 준비일이요, 때는 제육시라.

빌라도가 유대인들에게 이르되, "보라 너희 왕이로다."

그들이 소리 지르되, "없이 하소서, 없이 하소서! 그를 십자가에 못 박게 하소서!"

빌라도가 이르되, "내가 너희 왕을 십자가에 못 박으랴?"

대제사장들이 대답하되, "가이사 외에는 우리에게 왕이 없나이다." 하니, 이에 예수를 십자가에 못 박도록 그들에게 넘겨주니라. (요한복음 19:1~16상)

요한복음 18~19장에 나타난 예수님과 빌라도 사이의
논쟁은 어떤 면에서는 그 만남에 대해 가장 풍부한 내용
을 담고 있는 기사이다. (한 마디 덧붙인다면, 그것은 또한 우
리들이 든든한 역사적 기반 위에 있다고 로마 역사가들이 말하
는 지점이다.) 아주 의미심장한 예외가 있긴 하지만, 이 시
점에 이르기까지 요한은 팔레스타인에 로마인들이 존재
한다는 것에 대해 거의 아무것도 말한 적이 없다. 나사로
가 다시 살아난 후에, 가야바는 많은 사람이 아니라 한 사
람, 바로 이 사람 예수가 죽는 것이 좋다고 말한다. 그렇지
않을 경우 로마인들이 와서 성전과 국가를 파괴할 것이기
때문이다. 요한은 예수님이 체포당하시고 야간 심문을 받
으시는 바로 이 시점에 이것을 다시 언급함으로써 우리에
게 주의를 환기한다(요 18:14).

종려주일로부터 십자가의 발 아래에 이르는 여정에, 우
리는 어느덧 마태에서 요한으로 넘어왔는데, 얼마나 많은
주제들이 한곳으로 수렴하는지를 보면 놀라울 정도다. 예
수님과 성전 사이의 연결 고리는 요한복음 전체에서 강력
하다. 그리고 하나님의 어린 양이 십자가에서 처형당하

는 시점을 유월절 어린 양이 성전에서 죽임당하는 순간으로 기록한 사람은 다름 아닌 요한이다. 마태가 포도원 일꾼들에 대해 말한다면, 요한이 말하는 예수님은 참 포도나무 그 자체다. 마태의 예수님이 한 손님이 쫓겨난 메시아적 잔치에 대해 말한다면, 요한은 유다가 만찬으로부터 밤 한가운데로 나가는 장면을 기술한다. 마태의 예수님이 사랑을 가장 큰 계명으로 말한다면, 요한은 예수님이 세상 속에 있는 자신의 사람들을 지금까지 사랑하셨고 바로 지금 그들을 지극히 사랑하셨음을 선언함으로써, 요한 자신의 놀랍고도 일관된 최종 결말을 소개한다. 마태의 예수님이 다윗의 자손이 다윗의 주가 되는 것에 대해 말한다면, 이제 빌라도는 "보라, 이 사람이로다." 하고 말한다. 그에 답해 무리들이 말한다. "그가 당연히 죽을 것은 그가 자기를 하나님의 아들이라 함이니이다."

물론 사두개인 대제사장들이 주역을 맡는, 예수님과 빌라도 사이의 장면을 전체적으로 훑다 보면, 우리는 실제로 이중적인 논쟁의 메아리를 들을 수 없을 정도로 귀가 먹을 것이다. 이중적인 논쟁이란 티베리우스 가이사가 신

의 아들임을 선언하는, 세로 내는 동전과, 부활과 그 부활
이 구현하는 혁명적인 신학을 사두개인들이 부정하는 것
을 말한다. 그것들은 실제로 요한복음 19장의 중심 주제
이다. 현대 서구 교회가 매우 열심히 무시해 왔지만, 요한
은 우리가 잊지 않기를 바랐던 사실이다. 그것은 바로 예
수님이 창조주 하나님과 세상의 정사와 권세들 사이에서
벌어진 오랜 대결 이야기의 절정인 십자가로 가신다는 사
실이다. 예수님은 자신의 제자들은 싸우지 않는다는 사
실을 증거로 보이시면서, 자신의 나라가 이 세상에 속하지
(from) 않는다고 이미 선언하셨다(요 18:36). 그러나 하나
님의 나라가 하늘에서처럼 땅 위에도 임할 것이므로, 그
분의 나라가 이 세상을 위한(for) 것이란 사실을 의심해
서는 안 된다. 이것이 바로 그분이 진리, 즉 하나님의 세
상에 대한 진리를 증언하러 오셨다고 선언하신 이유이다.
마찬가지로 그것은 빌라도가 바로 진리 자체의 관념에 대
해 비웃은 이유이다. 그가 알고 있는 유일한 진리는 칼집
에서 나온다. 우리 세대는 로마 총독에게서 "진리가 무엇
이냐?"라는 질문이 나오는 것을 본다고 해서 놀라서는 안

된다. 포스트모더니티는 새로운 현상이 아니다. 포스트모더니티는 제국주의적 폭력이 철학자들의 놀이터에 흔들림 없이 남아 있는 유일한 진리일 때 당신에게 닥치는 것이다.

그러므로 요한은, 모든 복음서 기자들이 그런 것처럼, 죽음을 성경과 하나님의 능력이란 관점에서 이해한다. 요한에게 예수님의 죽음이란 궁극적인 사랑의 행위이자 하나님의 영광이 궁극적으로 드러난 것이다. 시편(특히 22편과 69편), 예언서(특히 이사야서와 스가랴서), 출애굽기의 이야기(뼈가 부러지지 않은 어린 양), 이 모든 것들은 물론 더 많은 곳에서는 이제 그것의 고발 장면에 이르고 있는 하나의 위대한 이야기를 말해 준다. 그러나 그 이야기는 몇몇 기이한 세부 사항들을 모아놓은 것 이상이다. 성경 이야기의 큰 틀은 언제나 한 분이신 참 하나님이 어떻게 이스라엘 백성을 자신의 대행자요 도구로 부르셔서 모든 인류를 감염시킨 악의 권세에 도전하시고 그것을 격퇴시키셨는지에 대한 기술이었다. 그 이야기 자체는 문제가 곧 해답인 문제, 즉 인간의 반역과 죄의 문제에 빠지게 되었다. 그러나 그러한 이중적인 문제의 중심으로부터 하나님은 신실함을 보이실 것이고, 왕을 보내실 것이라는 성경적 주장이 나온다. 그 왕은 이스라엘을 위한 자신의 목적을 이루심으로써 세상을 위한 자신의 목적 또한 이루실 메시아이시다. 그것이 바로 성경의 이야기이고, 물론 그 성경의 이야기는 창조주 하나님의 능력에 의지함으로써 이루어진다.

그 이야기를 잠시 살펴보자. 바벨의 사람들은 자신들의 거대한 탑을 건축하고, 하나님은 그들의 언어를 혼란케 하시고(다시 한 번, "진리가 무엇이냐?") 자기 종 아브라함을 부르신다. 애굽은 하나님의 백성을 종으로 삼고, 하나님은 모세를 보내셔서 바로와 맞서고 유월절 절기에 백성들을 자유로 인도하게 하신다. 블레셋은 초대 왕 사울을 죽이면서 이스라엘을 격퇴하고, 하나님은 다윗을 일으키셔서 그에게 하나님 자신의 아들이 될 후사를 약속하시며 왕국을 세우게 하신다. 바벨론은 전 세계에 그 교만을 과시하고, 이스라엘은 수치와 망신을 당하며, 야훼는 "자, 나의 종을 보라." 하고 말씀하신다. 제국주의의 괴물들이 바다로부터 올라오고, 하나님은 인자를 그들의 심판자로 높이 올리신다. 이제 요한복음 19장을 다시 읽으면서 성경의 메아리를 듣고, 하나님의 능력이 역사하는 것을 주목하자. 로마는 반역자 왕을 잔인하게 죽이기에 앞서 그를 조롱하면서 나름대로 최선을 다한다. 빌라도는 유월절 전날 예수님을 군중에게 데리고 나와서 외친다. "보라, 너희 왕이로다!" 그러나 부활도 부활이려니와 메시아는 더 원치 않는 대제사장들은 "가이사 외에는 우리에게 왕이 없나이다."(이 말에 당신의 등뼈까지 오싹해지지 않는다면, 당신은 깨어 있는 것이 아니다)라고 선언한다. 세상의 권세와 바벨과 애굽과 블레셋과 바벨론이 등장하는 장면이다. 또한 아브라함의 씨이고, 모세보다 더 큰 자이고, 다윗의 자손이며, 야훼의 종인 한 사람이 등장한다. 보라, 이 사람이로다! 보라, 너희 왕이로다!

이 장면에는 놀랄 만한 것들이 많이 등장하는데, 그중에서 곰곰이 생각해야 할 것이 하나 있다. 요한이 가야바가 예수님이 백성들을 대신하여 죽을 것이라고 선언하면서 본의 아니게 예언적으로 말하는 것을 보았던 것처럼,

그는 지금 빌라도마저 자신이 그 개념 자체를 부인함에도 불구하고 진리를 말하는 것을 보게 된다. 빌라도는 "보라, 너희 왕이로다!"라는 말을 한 다음 "내가 쓸 것을 썼다." 고 재차 설명을 붙인다(이 점에서 요한은 또다시 우리의 주의를 환기한다). 가이사의 대변인이자 고용된 살인 청부업자 격인 빌라도는 본의 아니게 하나님의 권위 아래 있다. 예수님 자신의 말씀처럼, 위에서 주지 아니하셨더라면 그분을 해할 권한이 없었을 것이다. 요한복음은 모든 차원에서 아이러니로 가득하지만, 다음이야말로 분명 가장 큰 아이러니다. 자신에게 책임을 물을 한 분 하나님이 계시다는 말을 들을 때, 로마 제국은 늘 하는 대로 조롱하고 죽인다. 그러나 바로 그러한 행동을 통해 핵심이 분명하게 드러나게 되는데, 이는 창조주 하나님이요 아브라함과 이삭과 야곱의 하나님이 세상의 무기가 아니라 사랑의 무기로 악과 싸우시기 때문이다. 사도 바울이 매우 분명하게 보았던 것처럼, 가이사의 명백한 승리는 실제로 하나님의 승리이다.

그리고 이것이 바로 자신의 십자가로 가시는 예수님으

로 말미암아 창조 세계 자체를 치유하시려는 하나님의 계획이 성취되는 이유이다. 요한은 요한복음 도입부에서 창세기의 도입부에 반향하면서 그러한 거대한 주제가 담긴 이야기를 쓰려는 의도를 공표했다. 창세기에서는 태초에 하나님이 천지를 창조하셨다고 말하는데, 요한복음에서는 태초에 말씀이 계셨고 그 말씀이 육신이 되셔서, 하늘과 땅이 하나가 되었다고 말한다. 빛과 어둠, 낮과 밤, 열매 맺고 풍성히 늘어날 씨앗 등 창조 이야기에 기인한 위대한 주제들이 요한의 복음서 속에 엮여 있다. 이제 고난주간 엿새째인 금요일, 곧 인간을 하나님의 형상으로 창조한 날에 빌라도는 예수님에게 자색 옷을 입히고 가시관을 씌운 채 데리고 나와서 선언한다. "보라, 이 사람이로다!" 그러자 대제사장들과 호송병들과 같은 사람들 속에서 지켜보던 세상은 외친다. "십자가에 못 박으소서!" 하나님의 '형상(Image)'이 피조물 가운데 나타나실 때, 나머지 피조물들은 이 '형상'을 보고 자신들의 창조주가 비친 모습을 보게 될 것이라는 점이 중요하다. 이제 하나님의 아들이 하나님의 '형상'으로 나타나시지만, 세상은 너무도 타락하여 다음과 같이 반역한다. 이 예수님 안에 비친 진정한 창조주 하나님을 인정하기는커녕, 세상은 그분을 제거하고, 하나님의 실제 존재에 대한 암시를 지워버리고, 자신의 사랑으로 말미암아 무엇에도 굴하지 않고 피조물을 자신과 화해케 하실 분과 어떻게든 대면하지 않을 것임에 틀림없다.

그러나 성경은 반드시 이루어질 것이고, 하나님의 능력은 승리할 것이다. 창세기에서 여섯째 날 마지막에 하나님은 자신의 모든 일을 마치셨다(synetelesen, 창세기 2:2, 칠십인역). 요한복음에서 여섯째 날 마지막에 예수님은 선언하셨다. "다 이루었다(tetelestai)." 다 이루어졌다. 창조 세계는 고침을 받았다. 태초에 말씀이 계셨고, 살아 계신 말씀이 하신 최후의 말은 예수님이 다락방에서 하셨던 것처럼 다음과 같이 선언하는 말이다. "아버지께서 내게 하라고 주신 일을 내가 이루어(teleiōsas)"(17:4). 그것은 물론 창조주 하나님이 영광을 받으시는 방식이다. 그것은 사랑이 완성되고, 그 최후의 완성에 도달하는 방식이다(13:1).

그리고 이제 십자가 발 아래 서 있는 우리는 가장 엄중한 질문들에 직면해야 한다. 그 질문들은 우리가 역병처럼 피하는 것들이다. 왜냐하면 우리 역시 하나님의 '형상', 그 사람, 그 왕의 얼굴을 바라보고 거기에서 세상의 창조주이자 구속주의 완전한 모습을 보는 것이 몹시도 불편하기 때문이다. 우리는 가이사 체제—그의 검, 그의 동전, 노름하는 그의 병사들—에 너무도 깊이 빠져 있어서, 우리에게도 역시 진리를 변호하는 것은 고사하고 어떤 종류의 진리라도 인정하기 어려운 때가 있다. 우리는 현대 세계가 세워진 기반인 철학자들을 보호하는 데 너무 열중한 나머지, 우리에게 가이사 외에는 왕이 없다고, 절박한 상황에 몰릴 때면 종교는 단지 사적인 것이어서 공적 영역에는 영향을 미치지 말아야 한다고 어떻게든 선언할 것이다. 비록 예수님이 가이사의 대리인에게 그가 그 힘을 가진 것은 하나님이 그것을 그에게 부여하셨기 때문일 뿐임을 상기시켜 주시는 때조차도 말이다. 그것이 아마도 그 순간 교회가 한편으로는 "진리가 무엇이냐?", 그리고 다른 한편으로는 "가이사 외에는 우리에게 왕이 없나이다." 사이에 빠져 고통받고 있는 이유들 중 하나일 것이다.

그러나 복음—결국 이 날은 성금요일이다—은 이 이야

기가 그 매우 엄중한 도전과 함께 여전히 성경과 하나님의 능력의 이야기이며, 따라서 하나님의 영광과 사랑의 이야기라는 것이다. 요한은 이것이 바로 예수님이 자신의 영광을 드러내실 방식이라고 처음부터 말해 왔다. 여기서 그분은 이런 분으로 묘사된다. "보라, 이 사람이로다! 보라, 너희 왕이로다!" 그리고 잠시 멈추어 성금요일의 신비에 대해 깊이 성찰하고 묵상하고 숙고하고 기도하는 사람들이라면, 무엇보다도 먼저 십자가에 달리신 예수님의 얼굴을 보면서 하나님의 얼굴을 보고 있음을 발견하게 될 것이다. 그분은 세상을 너무도 사랑하셔서 멸망시키지 않고 구원하시기 위하여 독생자를 주신 하나님이시다. 선한 목자는 자기 양들을 사랑하므로, 그들을 위하여 자기 목숨을 내어놓는다. 친구를 위하여 자기 목숨을 버린다면, 그보다 더 큰 사랑을 가진 사람은 없다. 예수님은 세상에 있는 자기 사람들을 사랑하시되 극진히 사랑하셨다. 이것은 어둠이 마침내 빛을 삼킨 것 같은 바로 그 순간에 빛을 발하는 사랑이다.

그리고 이것은 우리가 우리의 생명과 사랑과 소망을 거

는 사랑이다. 우리는 잔치에 나아오는 거지처럼 사랑에 주린 채 성금요일로 나아와서는 돌연 우리가 감당할 수 있는 것 이상으로 큰 것을 발견하게 된다. 만일 그 사랑이 우리의 모든 삶, 우리의 공적인 삶, 한편으로는 진리에 대한 우리의 이해와 다른 한편으로는 가이사를 다루는 방식을 변화시킬 것이 틀림없는 사실이라면, 먼저 우리 자신이 동일한 그 사랑으로 말미암아 바로 우리 자신의 인격 가장 깊은 차원에서 붙들리고 변화되는 조건 하에서만 그럴 수 있다. 우리는 마리아와 요한과 함께 하늘과 땅이 만나는 장소인 십자가 발 아래 서도록 초대받는다. 이를 통하여 하늘의 사랑이 땅의 피조물인 우리를 끌어안을 수 있고, 하늘의 빛이 우리 자신과 세상 속의 어둠을 치유할 수 있고, 창조주 하나님의 능력과 성경에 따라서 우리 자신이 새로운 피조물—지금 당장은 고요하고 슬픔에 잠긴 안식일 휴식 동안 옛 것의 태 속에 누워 기다리며 묻혀 있는—에 참여하는 일부가 될 수 있다.

8

와서 보라!
가서 이르라!

부활 성야(聖夜)

안식일이 다 지나고 안식 후 첫날이 되려는 새벽에 막달라 마리아와 다른 마리아가 무덤을 보려고 갔더니, 큰 지진이 나며 주의 천사가 하늘로부터 내려와 돌을 굴려내고 그 위에 앉았는데, 그 형상이 번개 같고 그 옷은 눈같이 희거늘, 지키던 자들이 그를 무서워하여 떨며 죽은 사람과 같이 되었더라.

천사가 여자들에게 말하여 이르되, "너희는 무서워하지 말라. 십자가에 못 박히신 예수를 너희가 찾는 줄을 내가 아노라. 그가 여기 계시지 않고 그가 말씀하시던 대로 살아나셨느니라. 와서 그가 누우셨던 곳을 보라. 또 빨리 가서 그의 제자들에게 이르되, '그가 죽은 자

가운데서 살아나셨고 너희보다 먼저 갈릴리로 가시나니 거기서 너희가 뵈오리라.' 하라. 보라, 내가 너희에게 일렀느니라." 하거늘,

그 여자들이 무서움과 큰 기쁨으로 빨리 무덤을 떠나 제자들에게 알리려고 달음질할새, 예수께서 그들을 만나 이르시되, "평안하냐?" 하시거늘, 여자들이 나아가 그 발을 붙잡고 경배하니,

이에 예수께서 이르시되, "무서워하지 말라. 가서 내 형제들에게 '갈릴리로 가라.' 하라. 거기서 나를 보리라." 하시니라. (마태복음 28:1~10)

교회 안에서도 그렇겠지만, 만일 당신이 거리로 나가 성경에서 가장 자주 반복되는 명령이 무엇인지 사람들에게 묻는다면, 당신은 거의 "악행하지 말라." "거짓말하지 말라." "항상 기도하라." 정도의 대답을 듣게 될 것이다. 어쩌면 "하나님과 네 이웃을 사랑하라."가 나올지도 모르겠다.

그러나 그 모든 것들은 잘못일 것이다. 단연 성경에서 가장 빈번하게 나오는 명령은 천사들이 여자들에게 말하고 예수님이 반복하신 "무서워하지 말라."이다. 그렇다, 뭔가 새로운 일이 일어났다. 그렇다, 세계는 결코 다시 전과 같지 않을 것이다. 그렇다, 당신의 삶은 이제 철저하게 바뀌려고 한다. 그렇다, 하나님은 당신과 함께하시고 당신에게 새로운 것들을 요구하실 것이다. 그러나 무서워하지 말라. 모든 것들이 잘될 것이다. 부활절이 그것을 입증해 준다. 그것이 바로 첫 번째 부활절 아침에 대한 마태의 기사에서 최초로 크게 강조하는 것이다.

물론, 그들에게는 무서워할 충분한 이유가 있었다. 지진이 발생했고, 천사가 나타났고, 경계병들은 마치 죽은 것처럼 나가떨어져 있었으니 말이다. 우리는 그런 것들을 우리의 자연 질서 안에 개입한 간섭들로 생각하려는 경향이 있지만, 부활절의 관점에서 보면 그렇지 않다. 우리는 본서를 읽어가면서 마태복음이 우리를 종려주일로부터 성금요일로 이끌어가는 방식을 깊이 묵상해 왔다. 마태는 예수님이 십자가로 나아가실 때, 하늘과 땅 곧 하나님의 공간과 우리의 공간이 새로운 방식으로 어떻게 합쳐지는지를 우리에게 보여준다. 펼쳐지고 있는 사건들은 우주적인 의미를 담고 있다. 예수님은 악의 무게를 짊어지시고 자신의 죽음을 향해 나아가셨다. 그것은 인간의 삶과 모든 세계를 감염시키고 타락시켜온 악이고, 우리가 인류의 악—특히 오만한 인간 제국의 악—이라고 부르는 것과 자연적인 악—물리적 세계의 파도와 폭풍—이라 부르는 것으로 상징되는 악이다. 이제 이 장면에서, 십자가에서 이루어진 악과 죽음의 패배와 함께, 기이하게도 우리는 지진과 천사를 기대하게 되는 것이다. 그리고 여기서 자신들의 복무 대상인 정치적·군사적 권세를 상징하는 보초들은 말문이 막혀 나가떨어져 있다. 빌라도, 헤롯, 가야바, 그리고 그들의 부하들은 이 새로운 세계에 속하지 않는다. 그것은 하늘과 땅이 새로운 방식, 새로운 의식 속에서 쇄도하여 만나는 새로운 세계로서, 새로운 가능성들로 가득한 세계이자, 세상 권세들로 하여금 속수무책 바닥에 쓰러져 있게 하는 새로운 권세이다. 무서워하지 말라! 하나님의 새로운 세계는 이미 시작되었고, 당신은 그곳에 참여하도록 초대받았다. 부활절의 모든 것은 바로 이에 관한 것이다. 세례와 견진 성사의 모든 것은 바로 이에 관한 것이다.

이 초청은 이곳 마태의 부활절 복음 속에서 두 가지 형식을 취한다. 첫째는 "와서 보라."이고, 둘째는 "가서 이르라."이다.

"와서 보라." 기독교의 복음을 생각할 때, 온갖 종류의 질문들이 떠오르게 마련이다. 그것이 정말로 진리일 수 있을까? 그것은 온통 상상이거나 희망에 근거한 생각이 아닐까? 그렇다면, 와서 보라. 실제로 희망에 근거한 생각처럼 변변치 못한 것을 상상하기란 어려울 것이다. 잠이 덜 깬 상태일 때 내가 바라는 것은, 이른 새벽 부활 성야 예배에 참석한 몇몇 사람들이 편안하게 느끼기에는 너무도 가까이 있는 이미지인 아침 불빛에 눈을 깜박이면서 다시 잠들 수 있을 것인가 하는 것이지, 누군가 내 어깨를 붙잡고 잠자리에서 홱 잡아끄는 것은 아니다. 그러나 부활절의 모든 것은 바로 이에 관한 것이다. 하나님의 새로운 세계가 시계를 앞당겨 옛 세상으로 뚫고 들어옴으로써 실제로 우리가 채 준비되어 있기 전에 아침이 찾아온다. 이것은 희망에 근거한 생각이 아니다. 이것은 현실이다.

그러나 새로운 현실을 인정하는 것은 단지 "와서 보라."라는 명령에 대한 복종의 시작일 뿐이다. 스스로 질문하며 오라. 와서 그 증거를, 예수님의 삶과 죽음에 대한 증거를, 그분의 몸의 부활에 대한 놀랄 만큼 강력한 증거를 살펴보라. 당신 앞에 놓여 있는 길에 안개가 자욱할지도 모르지만, 그 위를 걷기 시작할 때 당신은 그 길이 견고한 반석임을 발견하게 될 것이다. 2,000년 전에 어떤 일—그로 말미암아 죽음 자체가 패배한—이 일어났다는 사실, 하나님의 능력이 성경의 위대한 이야기들과 약속들에 따라 풀려났다는 사실, 새로운 창조가 성공적으로 시작되었다는 사실, 그리고 이후로 동일한 일은 없었다는 사실에 근거해서 산다는 것이 어떤 의미인지, 당신 스스로 와서 보라.

　물론 와서 보라고 하는 부활절의 초대에는 잠든 보초들을 지나쳐서 똑바로 걸어가는 일이 포함된다. 우리는 그들을 무서워해야 한다고 배웠다. 그들은 공적 생활에서, 학교에서, 미디어에서, 그리고 아마도 가정에서마저 우리를 비웃는 외부 세력들이다. 그들은 또한 당신이 그렇게 살 수 없다고 말하는 내면의 소리들이다. 바울은 세례 후에는 죄에 대해 죽고 하나님에 대해 살아 있는 것처럼 살아야 한다고 말하지만 당신은 그렇게 사는 것이 실제로는 불가능하다고 말한다. 즉, 죄가 당신을 다시 걸려 넘어지게 할 것이고 즉시 포기하는 편이 낫다는 사실을 당신이 알고 있다고 말하는 은밀한 속삭임에 귀를 귀울인다. 그리스도인들이 무서워하지 말라는 천사의 명령을 잊어버린 채, 기겁하여 나가떨어져 있는 보초들을 보고서도 실제로 무덤으로 와서 그것을 직접 볼 의욕을 상실할 수 있다. 죄와 죽음이 실제로 참패한 원수들이고, 우리는 이제부터 그 군병들을 안심하고 무시할 수 있지만 의욕을 상실하여 그 사실을 제대로 보지 못하는 일이 실제로 가능하다. 무서워하지 말라. 일단 당신이 세례의 물을 통과한다면, 죄와 죽음은 당신에 대해 아무런 권리도 없다. 그것들은 당신이 허용하는 한에서만 당신에 대해 힘을 가진다. 이것이 바로 바울이 당신에게 깊이 헤아려보아야 한다고, 그리고 당신이 받은 세례로 말미암아 당신은 메시아 예수 안에서 진실로 죄에 대해 죽고 하나님에 대해 살아 있다고 역설하는 이유이다. 와서 보라. 헤아려보라. 보초들을 지나서 똑바로 걷고, 무서워하지 말라.

그러나 와서 보자마자, 부활절의 세 번째 명령이 나타난다. 무서워 말고, 와서 보라. 그러고 나서 "가서 이르라." 하나님의 새로운 창조의 신비의 중심에는 이상한 진리가 있으니, 그 진리는 사람들이 그것에 대해 다른 사람들에게 전할 때 일어나고 확산된다. 하늘과 땅이 새로운 방식으로 합쳐지는 바로 그 시작부터, 그리고 하나님의 새로운 세계에서 무엇을 안다는 것은 언제나 '사랑'의 행위라는 사실이 비롯되는 바로 그때부터, 바로 그 시작부터, 사람들이 다른 사람들에게 예수님이 죽은 자들로부터 일어나셨음을 전할 때 하나님의 새로운 창조가 일어난다. 하나님은 새로운 창조가 자신의 새로워진 사람들을 '통하여' 일어나기를 원하신다. 왜냐하면 새로운 창조는 모두 신뢰와 새로운 관계와 사랑에 대한 것이기 때문이다. 새로운 창조는 우르르 울리면서 작동하는 커다란 기계와는 다르다. 그것은 다름 아닌 새로운 '창조'이고, 첫 번째 창조의 경우와 마찬가지로 그 발전 과정에서 우리 인간들은 적극적인 역할을 하도록 부름받는다. 가서 전하고, 그 일이 일어나는지 주목하여 보라! 이것이 바로 우리가 다음과 같은 부활절 인사말로 서로 문안하는 이유다. "그리스도가 부활하셨습니다. 정말로 부활하셨습니다. 할렐루야!" 그렇게 인사하고 그렇게 전할 때, 하나님의 새로운 세계가 일어나고, 탄생한다.

아, 당신은 그 '전하는' 일이 모두 직업적인 전문가들을 위한 것이라고 말할지도 모르겠다. 그렇지 않다. 가서 전하라는 말을 처음으로, 바로 처음으로 들은 사람이 누구인지 주목하라. 크고 강한 지도자들이 아니었다. 베드로나 열두 제자가 아니었다. 그들은 도망가고 숨고 무서워한다. 결정적인 신뢰를 받고, 부활하신 예수님을 보고 듣고 만진 첫 번째 사람들은 그럴 가능성이 없는 사람들, 곧 여자들—그 문화에서는 중요하지 않고 신뢰할 만하지 못한 사람들—이다. 그분은 천사의 명령을 되풀이하신다. "무서워 말고, 가서 이르라." 이것은 아주 고의적이다. 겁에 질린 여인 두엇의 설득력으로는 아무에게도 확신을 주지 못할 것이다. 그러나 그 메시지 자체가 그들을 통하여 그 역할을 했다. 가서 이르라! 만일 그들이 할 수 있다면, 당신도 할 수 있다.

이것이 바로 견진성사가 의미하는 바이다. 그리고 바로 부활절이야말로 견진성사를 행하기에 아주 적기인 이유이다. 세례를 받은 모든 사람들이 가서 이르라는 명령을 받지만, 우리는 하나님의 성령이 우리를 통해서 그리고 우리 안에서 일하신다는 조건 하에서 복종할 수 있을 뿐이다. 견진성사를 통하여 교회는 그 성령이 후보자들 위에 새롭게 오시기를 기도한다. 이것은 성령이 그들의 삶 속에서 이미 일하고 계시지 않았다—그렇지 않았다면, 그들이 여기까지 이르지는 않았을 것이기 때문에—는 말이 아니라, 교회로서 우리는 하나님의 성령이 그리스도의 몸의 지체들인 그들 가운데 새로운 방식으로 거해 주시기를 함께 기도한다는 말이다. 견진성사는 일종의 평신도 안수로서, 성령의 능력으로 하나님의 새로운 창조의 대행자가 되라는 위임이다. 즉, 부활절 아침의 사람, 와서 보고 가서 이르는 사람, 그리고 무서워하지 않는 법을 배우는 사람이 되라는 위임이다.

이것이 바로 부활절이 세례와 견진성사를 위해 최적기인 이유다. 이것이 바로 많은 전통에서 그리스도인들이 자신들의 세례 서약을 부활절 아침에 갱신하는 이유다. 이것이 바로 모든 교회가 와서 보라고 다시 초대받고, 가서 이르라고 다시 재위임받는 이유다. 그리고 이것이 바로 우리가 영광스럽게도 무서워하지 말라는 명령을 받는 이유다. 예수 그리스도는 죽은 자 가운데서 다시 살아나셨고, 하나님의 새로운 창조는 시작되었고, 당신은 새로운 창조와 새로운 세계에 참여하라는 명을 받는다. 새로운 세계는 땅과 하늘이 하나가 되는 곳이고, 새로운 세계를 증언하기 위해 새로운 지식 곧 사랑의 지식이 탄생한다. 성경과 하나님의 능력은 이제 당신의 것으로서, 곧 당신의 힘이고, 당신의 에너지이고, 당신의 위안이고, 당신의 안내자이다. 왜냐하면 그것들은 예수님을 가리키기 때문이다. 이 예수님은 죽으셨다가 이제는 영원히 살아 계시는 분이고, 부활절 아침에 당신을 만나셔서 문안하시고 위임하시는 분이다. 와서 보고, 가서 이르고, 무서워하지 말라.

할렐루야! 그리스도가 다시 살아나셨네!
그분은 정말로 다시 살아나셨네, 할렐루야!

9

새 성전과 새 창조

부활절 아침

안식 후 첫날 일찍이 아직 어두울 때에 막달라 마리아가 무덤에 와서, 돌이 무덤에서 옮겨진 것을 보고, 시몬 베드로와 예수께서 사랑하시던 그 다른 제자에게 달려가서 말하되, "사람들이 주님을 무덤에서 가져다가 어디 두었는지 우리가 알지 못하겠다." 하니,

베드로와 그 다른 제자가 나가서 무덤으로 갈새, 둘이 같이 달음질하더니 그 다른 제자가 베드로보다 더 빨리 달려가서 먼저 무덤에 이르러, 구부려 세마포 놓인 것을 보았으나 들어가지는 아니하였더니, 시몬 베드로는 따라와서 무덤에 들어가 보니, 세마포가 놓였고 또 머

리를 쌌던 수건은 세마포와 함께 놓이지 않고 딴 곳에 쌌던 대로 놓여 있더라.

그때에야 무덤에 먼저 갔던 그 다른 제자도 들어가 보고 믿더라. (그들은 성경에 그가 죽은 자 가운데서 다시 살아나야 하리라 하신 말씀을 아직 알지 못하더라.)

이에 두 제자가 자기들의 집으로 돌아가니라. (요한복음 20:1~10)

"그는 보고 믿더라." "그들은 성경에 그가 죽은 자 가운데서 다시 살아나야 하리라 하신 말씀을 아직 알지 못하더라." 복음서 기자의 이러한 진술은 곧바로 다시금 요한복음 전체와 강력하게 직결된다. 그의 부활절 이야기는 단지 마지막에 덧붙여진 기이한 사건이 아니라, 전체 드라마가 향해서 나아가고 있는 목표점이다.

고난주간을 통하여 우리는, 복음서 기자들이 이 지점에 배치한 이야기들과 주제들을 통해서, 종려주일에 일어난 사건들이 우리를 거침없이 십자가와 부활을 향해 나아가도록 이끄는 방식에 대해 생각해 왔다. 그런데 여기에 수수께끼가 하나 있다. 요한복음을 보면, 우리가 종려주일과 연관시킨 소위 '성전 정화'가 예수님의 공생애 바로 마지막이 아니라 시작 부분에서 일어나기 때문이다. 그러나 거기에서 예수님이 하시는 말씀은 부활절 당일에 완전한 해결이 주어지는 주요 주제로서 복음서 전체에서 메아리 되어 울린다. 예수님은 말씀하신다. "이 성전을 헐라. 내가 사흘 동안에 일으키리라." 청중들은 예수님을 오해하지만, 요한은 예수님이 자신의 몸인 '성전'에 대해 말씀하고 계셨다고 해설한다. 그러므로 요한은, 예수님이 죽은 자 가운데서 다시 살아나셨을 때, 그들은 그분이 말씀하셨던 것을 기억하고 성경과 예수님이 말씀하셨던 것을 믿었다고 덧붙인다.

그렇다면 요한에게 부활절은 하나님의 영역과 우리의 영역이 교차하고 하나님이 은혜와 긍휼과 기쁨 가운데 자기 백성을 만나시는 장소인 성전을 재건하는 것이다. "할렐루야, 그리스도가 다시 살아나셨다."라고 말할 때, 우리는 "고난주간과 성금요일의 모든 슬픔이 지난 후에 행복한 결말로 막을 내리게 해 주는 매우 기이한 어떤 일이 일어났다."고 말하고 있는 것은 아니다. 우리는 하나님의 거소가 인간이며, 그분이 우리와 함께하러 오셔서 우리를 자기 백성으로 삼으셨으며, 하나님이 모든 눈에서 나오는 모든 눈물을 씻어주실 것임을 말하고 있는 것이다. 요한의 부활절 이야기 다음 단락에서 예수님은 막달라 마리아가 무덤 밖에서 울고 서 있을 때 그녀를 만나면서 그 과정을 시작하신다.

그러나 이 첫 단락에서 매우 이상한 어떤 일이 진행되

고 있다. 복음서 이야기 속의 사람들은 보통 달리기를 하지 않는다. 둘이 서로 경주하는 건 말할 것도 없다. 그러나 여기서는 모든 사람이 달리기를 하고 있다. 마리아가 제자들에게 빈 무덤에 대해 말하려고 급히 내달리고, 베드로와 예수님이 사랑하시던 제자가 달려가고, 요한이 먼저 도착하고, 베드로가 요한을 따라잡아 무덤 속으로 먼저 들어가고, 요한이 베드로를 따라 들어가서 보고 믿는다. 이것은 숨 가쁜 목격자의 증언으로서, 매우 충격적이고 매우 예기치 않고 매우 격변하는 어떤 일이 일어났음을 말해 주는 표지들이다. 따라서 그에 대해 취할 수 있는 유일하게 적절한 반응은 아주 숨 가쁘게 서두르며 자초지종을 알아보고 그 의미를 발견하는 것이다.

만일 무덤을 향한 경주의 성경적 배경이 있다면, 압살롬과 그의 반역에 대한 승리의 소식을 다윗 왕에게 전달하려고 달린 사무엘하 18장의 두 사람일 것이다. 첫 번째 남자가 도착하여 대승을 알리고, 두 번째 남자는 도착하여 반역의 수장이 죽었다고 선언한다. 물론 그 소식은 다윗에게 고통스럽고도 기쁜 것이었다. 다윗은 말한다. "차

라리 내가 너를 대신하여 죽었다면! 압살롬 내 아들아, 내 아들아!" 그러나 베드로와 요한이 듣고서 무덤으로 경주하며 달려갔던 그 소식은 이제 변화무쌍하게 전 세계로 확산된다. 위대한 다윗의 더 위대한 자손이 반역 도당들을 위해 실제로 자기 생명을 주셨고, 아버지의 독생자인 다윗의 주는 궁극의 원수, 곧 죽음 그 자체와 죽음을 야기하는 죄를 쳐부수셨다. 그분은 모든 혼란과 파괴 세력에 대해 메시아적 승리를 거두셨다.

이것이 바로 요한의 부활절 이야기에서 새 성전 외에 두 번째로 큰 주제가 새 창조인 이유이다. 우리는 성금요일에, 바로 그날, 한 주간의 여섯 번째 날에, 창조 세계의 청지기로 다스리도록 하나님의 형상대로 인류가 창조된 바로 그날에, 빌라도가 어떻게 예수님을 군중에게 데리고 나와서 "보라, 이 사람이로다!"라고 선언하는지를 지켜보았다. 그리고 예수님은 "테텔레스타이(다 이루었다)."라는 최후의 말씀을 하시고 죽음으로 나아가신다. 모든 것이 완결되었다. 한 주간의 여섯 번째 날 저녁의 하나님 자신처럼, 예수님도 사역 곧 위대한 과업을 마치셨다. 그러고 나서 그분은 편히 긴 안식을 보내셨다.

　오, 갈보리 곁의 안식이여,

　오, 무덤 아래의 고요함이여,

　수의와 향료를 어디에 두어야 할지

　그분을 어디에 뉘어야 할지 우리는 알지 못합니다.

　편히 쉬소서, 사랑하는 예수님,

　가이사의 주(主)요 이스라엘의 왕이시여,

　성령의 품에 안기시어,

　봄의 어둠에 잠기시어.

그러나 이제 한 주간의 첫 번째 날이 찾아온다. 안식 후 첫날이자 여덟째 날이며, 하나님의 새로운 세계가 열리는 날 말이다. 새벽 일찍, 아직 어두울 때다. 때는 새로운 창조의 순간이며, 요한복음이 서언에서 창조 자체를 다시 그려낸 이후 줄곧 이동하며 지향해 온 바로 그 순간이다. "그 안에 생명이 있었으니 이 생명은 사람들의 빛이라. 빛이 어둠에 비치되 어둠이 깨닫지(overcome) 못하더라." 막

달라 마리아는 아직 이것을 알지 못한 채, 아직 어두울 때
에 무덤으로 와서 하나님의 아들이 다시 살아나셨다는
최초의 증거에 그저 직면할 뿐이다. 그것은 너무도 밝아서
그녀로서는 아직 바라볼 수 없는 그런 진실이다. 다음 단
락에서 우리가 그녀를 다시 볼 때, 창세기의 메아리가 유
감없이 되울린다. 그녀는 예수님을 정원사로 생각한다. 복
음서 전체 이야기에서 상징과 구약의 메아리와 주제들의
돌진을 통해서 선언되는 것은, 새로운 창조가 시작되었고
당신이 그것에 참여하도록 초청받았다는 것이다!

비록 서구 교회가 다른 어떤 것을 선호하여 그 가치를
격하시켜오기는 하지만, 사실 그것이야말로 부활절의 핵
심 메시지이다. 부활절은 죽음 이후의 삶에 대한 증거가
아니다. 부활절은 심지어 일차적으로 '죽음 이후의 삶'
그 이후의 삶, 즉 일정 기간 육체적으로 죽은 다음 새로
운 육체의 삶이 있다는 증거도 아니다. 물론 사람들이 그
런 것들을 믿지 않는다 하더라도, 부활절은 복합적인 의
미가 있는 복음이다. 그러나 중요한 것은 부활절이 우리에
게 일반적인 진리를 가르치기 위해 존재하는 것이 아니라,

부활절은 그 자체로 그러한 '죽음 이후의 삶 그 이후의 삶'의 시작이라는 사실이다. 또한 내세 이후의 삶(after-afterlife), 즉 놀라고 준비되어 있지 않은 세계에 대한 새로운 창조의 진입은 타락이나 죽음으로 손상을 입을 수 없다는 것이 중요하다. 여기서 새로운 창조는 당신과 나만큼이나 그리고 실제로 훨씬 더 모든 면에서 육체적이다. 이러한 새로운 몸은 새로운 창조의 원형인 예수님의 부활한 몸으로서 해를 당할 수 없는 생명을 지닌 채 살아 있기 때문이다.

이것은 하나의 충격이자 스캔들이며, 지금까지 존재했던 최고의 복음이다. 그것은 우리에게 우리의 세계관에 대해 재고하고, 우리의 우선순위를 재정리하고, 우리의 지배적인 이야기들을 재구성하여 말하되, 그 가운데 이러한 새로운 사실(Fact)에 입각하여 하라고 요구한다. 여기에서 말하는 사실이란 '사실들(facts)' 자체가 실제로 무엇인지에 대한 우리의 허접한 관념들에 의문을 제기하는 사실을 말한다. 부활절은 실제로 일어난 어떤 일에 대한 것이지, 사람들의 머릿속에 있는 관념이나 심지어 사람들의 가슴 속에 있는 믿음에 대한 것이 아니다. 하나님의 새로운 창조는 이미 시작되었고, 하나님의 나라는 하늘에서와 마찬가지로 땅 위에서도 나타났고, 당신은 그것에 참여하여 세례 가운데 그것에 뛰어들고, 성찬식 가운데 그것을 마시며, 예배 가운데 그것을 찬미하고, 기도 가운데 그것을 탐구하도록 초대받았다.

그리고 그것이 세상 속에서도 일어나게 하라고 초대받았다. 이것이 부활절의 첫째가는 소명이고, 기독교 영성의 진수는 그 과제를 위해 우리를 양육하고 구비시키는 것과 관련된다. 부활절은 결국 세상으로부터 도피하는 비상구, 혹은 현실과 유리된 하늘로 올라가는 개인 사다리가 있다고 말하는 것이 아니다. 이 점에서, 애석하게도 내가 가장 좋아하는 찬송들도 포함해서 매우 많은 부활절 찬송들이 잘못되어 있다. 혹은 오직 반만 맞고 반은 그르다. 부활절은 "하늘 가는 밝은 문이 열려 있다."는 사실에 대한 것은 아니다. 비록 그 문이 열려 있다 할지라도 말이다. 부활절은 하늘의 강력한 새 삶이 땅 위에 시작되었고, 우리는 그 수혜자임은 물론 그 대행자가 되어야 한다는 사실에 대한 것이다. 우리의 말마따나 마치 예수님이 단순히 '죽어서 하늘로 가신' 양, 부활절은 그분이 '천상의' 왕임을 찬미하는 것이 아니다. 부활절은 그분이 하늘은 물론 땅의 주이심을 찬미하는 것이다. 그분이 '널리 알리라고 우리에게 명하시는' 메시지는 단순히 '어떻게 우리 역시 천국에 들어갈 수 있는지'에 대한 것이 아니라, 우리가 어떻게 새로운 창조가 지금 여기에서 일어나게 할 수 있는지에 대한 것이다. 나는 이전의 자유주의 신학이 부활절에 대한 정통파의 관점에 반대할 수 밖에 없다고 느꼈던 이유 중 최소한 절반은 다음에 있다고 생각한다. 지난 두 세기 동안 교회는 계몽주의의 플라톤주의를 묵인하면서, "그리스도가 다시 살아나셨다."고 말해 왔고, "그러므로 결국 우리도 피할 수 있는 초자연적 세계가 있고, 예수님이 그 길을 인도하신다."는 뜻으로 말해 왔다. 이것은 과거에도, 그리고 지금도 부활절의 메시지가 아니다.

부활절의 메시지는 새로운 창조가 시작되었고, 당신은 그것에 속하여 세상 속에서 새로운 창조가 일어나게 하라는 부름을 받았다는 것이다. 가난을 역사 속으로 보내 버리기 위한 운동이건, 중동 지역의 평화와 정의를 위한 운동이건, 피난자와 망명자의 갱생을 위한 운동이건, 우리가 자국 내에서, 유럽에서, 학교에서, 병원에서, 도시에서, 마을에서 어디로 나아가야 할지에 대한 새로운 비전을 위한 운동이건, 그러한 운동을 통해서 말이다. 한 손에는 성경을 또 다른 손에는 하나님의 능력을 붙들고서, 부활절 날에 세상을 통해 불어오는 새로운 창조의 공기를 한 숨 깊이 들이마시고, 새로운 창조가 일어나게 하려면 과연 당신이 무엇을 할 수 있는지 발견하도록 하라. 그렇게 할 때 죽음과 지옥의 권세가 당신을 괴롭힐 것이고, 당신은 도중에 전투에 직면할 것이다. 부활절의 사실로 몇 번이고 돌아가도록 하라. 원수들은 패잔병들이고, 최후의 심판일에 하나님의 새로운 창조가 승리할 것이며, 당신은 분명 그것에 참여할 것이다. 이것이 바로 부활절 메시지가 사랑의 메시지인 이유이다. 그것은 부활 자체를 믿는 사랑이고, 감사함으로 하나님에게 나아가고 관대한 마음으로 세상으로 나아가는 사랑이다.

주요한 출발점 중 하나는 바로 당신 자신이다. 하나님의 새로운 창조에 대한 우리의 거대한 비전으로 말미암아 우리는 때때로 악과의 개인적인 전투를 외면할 수 있다. 우리는 때때로 다음과 같이 생각하려는 유혹을 받는다. "내가 세상에 새로운 창조를 가져오기 위해 열심히 일한다면, 나는 내가 어떻게 행동하는지, 즉 내 자신의 습관들과 선택들과 생활방식에 초점을 맞출 필요가 없을 것이다." 그러나 당신은 그래야만 할 것이다. 만일 당신이 하나님의 세계를 위한 부활절의 사람, 즉 새로운 창조의 대행자가 되고 싶다면, 당신은 전통적인 부활절 아침 서신인 골로새서 3장의 도전을 거부할 수 없다.

골로새서 3장 1~11절에서 바울은 실제로 부활절의 사람으로 사는 것이 어떤 것인지에 대해 아주 직설적으로 말한다. 바울은 무덤 속에 남겨두어야 할 옛 창조의 많은 쓰레기들인 다섯 종류의 성적 부도덕과 다섯 종류의 분노의 말과 행위를 열거한다. 이 모든 것들은 일종의 허위로서, 하나님의 선한 창조의 선을 벗어난 말과 행동 방식이다. 만일 교회가 골로새서 3장을 이해했다면, 우리는 혼란에 빠지지 않았을 것이다. 그 대신 바울은, 최초부터 부활절과 연관되어온 세례의 이미지를 되울리면서, 당신이 과거의 옷 즉 옛 사람과 그 생활 방식을 벗어버렸고, 새 옷 즉 창조주의 형상에 따라 지식에까지 새롭게 되는 새 사람을 입었다고 말한다. 부활절은 세상을 위한 복음이다. 그러나 그것은 가정에서 시작되어야 한다.

우리의 고난주간 여정이 모두 완료되었다. 그러나 아직 모두 완료된 것은 아니다. 부활절은 시작이지 끝이 아니다. 사복음서 중 어떤 것도 부활절 기사를 "음, 그렇다면 모두 잘되었군. 이야기는 모두 끝났으니, 우리는 이제 안도의 한숨을 쉴 수 있겠군."이라는 의미로 끝맺지 않는다. 각각의 복음서는 매우 상이한 네 가지 방식으로 다음과 같이 말한다. "대전투에서 승리한 지금, 당신이 할 일이 있다. 저 밖에 세상이 있고, 하나님의 성령은 당신에게 힘과 목표를 부여하실 것이고, 당신은 하나님의 새로운 세계를 위하여 새로워진 인간이 되라는 부름을 받았다."

전쟁이 발발했고 모든 일을 멈추어야 한다는 발표가 났을 때 한창 강의하고 있던 교수에 대한 이야기—나는 이 이야기에 대해 여러 사람들이 말하는 것을 들은 적이 있다—가 떠오른다. 여섯 해가 지난 다음 그 교수는 같은 교실로 들어가서 다음과 같이 말하면서 강의를 시작했다. "내가 무례하게 방해를 받았을 때 내가 이야기하고 있었던 것처럼……" 이것이 바로 다소나마 부활절의 모습이다. 전쟁에서 승리를 거둔 지금, 죄가 패배한 지금, 진정한 인간이 되어 정진하자. 죽음 자체가 정복된 지금, 하나님의 새로운 생명을 그분의 온 세상에 가져오는, 진정으로 인간적인 과업에 정진하자.

위대한 부활절 찬송 중 하나가 이 점을 훌륭하게 잡아내고 있다.

이제 하늘이여 기뻐하고,

땅도 그 노래를 시작하라.

온 세계는 고귀한 승리를 차지한다,

그 안에 있는 모든 것들도.

그렇다. 하늘은 진정으로 기뻐한다. 그리고 우리가 할 일은 땅이 그 노래에 참여하게 하는 것이다. 주 그리스도는 다시 살아나셨고, 우리의 기쁨은 끝이 없다. 그렇다, 정말 그렇다. 이제 온 세계는 그 고귀한 승리에 참여하고, 그 안의 모든 것들도 그 승리에 참여할 때가 되었다. 우리는 부활절의 사람이다. 그러므로 부활에 정진하자.

이 사람을 보라

펴낸날 **초판 1쇄 2011년 4월 5일**

지은이 **톰 라이트**
옮긴이 **신현기**
펴낸이 **심만수**
펴낸곳 **(주)살림출판사**
출판등록 1989년 11월 1일 제9-210호

경기도 파주시 교하읍 문발리 파주출판도시 522-1
전화 031)955-1350   팩스 031)955-1355
기획·편집 031)955-4675
http://www.sallimbooks.com
book@sallimbooks.com

ISBN 978-89-522-1566-6   03230

※ 값은 뒤표지에 있습니다.
※ 잘못 만들어진 책은 구입하신 서점에서 바꾸어 드립니다.

책임편집 **강영특**